Ⓢ新潮新書

小駒勝美
*KOKOMA Katsumi*

# 漢字は日本語である

JN265083

253

新潮社

# はじめに

三歳か四歳のときです。ある日、夢の中に漢和辞典が出てきました。翌朝、私は、両親に買ってほしいとねだりました。

両親は、私を連れて大きな本屋に行き、五十音順にいろいろなものの絵と名前が載っている厚い絵本を買ってくれました。

しかし、この絵本には漢字が全然出ていませんでした。

私は不満でした。夢に出てきた本とあまりにも違ったからです。

私が念願の漢字の本をようやく買ってもらったのは、小学校一年生の春のことでした。

当時は小学生向けの漢字辞典は出ていませんでしたから、おとな向けの漢和辞典です。比較的収録字数が少なく、当用漢字を中心に三千字ほどを収録した赤い表紙の辞典でしたが、それでも、部首画数順に並んだ本物の漢和辞典でした。私は有頂天になって、毎日、学校から帰るとこの辞典を眺めて暮らしました。

それからざっと二、三ヶ月のうちに、画数の数え方と、どの部首にどの漢字が載っているかをだいたい覚えていました。

この辞書はいつの間にかバラバラに壊れてしまいましたが、「燕雀《えんじゃく》いずくんぞ鴻鵠《こうこく》の志を知らんや（燕《つばめ》や雀のような小さな鳥には鴻《おおとり》や鵠《くぐい》のような大きな鳥の志はわからない。小人物には大人物の志はわからない）」は、最初の漢和辞典のおかげで覚えた言葉です。小学校一年生にはおよそ無縁なこの言い回しが、本を読んでいて実際に使われているのを目にしたのは、この言葉を覚えてから十年以上あとのことでした。

そして、初めての夏休みの自由研究に、私は漢和辞典を作ると言いだしました。小学生用の国語のノート二冊の漢和辞典、今にして思えば、これがその後の私の仕事の雛形《ひながた》でした。

二〇〇七年九月、私の企画を受け入れてくれた勤務先の新潮社から、『新潮日本語漢字辞典』が出ました。私がこの『新潮日本語漢字辞典』を作りたいと思い立ったのは、大学を卒業し、別の出版社に勤めていた二十五年ほど前でした。当時、仕事で毎日のように漢和辞典を使っていましたが、私は常に、漢和辞典になじめないものを感じ続けていました。

そしてある日、そうかと思い当たりました。

漢和辞典は、漢文を読むための辞典だったのです。ところが、現代の日本人が接する漢字は、あくまで日本語に使われる漢字なのです。

したがって、漢和辞典で日本語に使われる漢字を調べるのは、どうしても無理があります。漢和辞典には、日本語で使用される熟語がきちんと網羅的に収録されてはいません。熟語の意味についても、日本で使われる意味よりも中国の古典で使われる意味が優先されています。漢字一字一字の意味も、日本語では、中国の古典に使われるのとはかなり変化しています。

このような日本語の漢字を調べるためには、漢籍から離れ、日本語に重点を置いた漢字の辞典が欲しいと思ったのです。どこにもないのなら、自分で作ってみたい、と私はただちに思ったのです。

しかし、実際に私が企画書をまとめたのは、新潮社の校閲部員となってからの一九九六年でした。以来、十一年あまりの月日を費やして、二〇〇七年にようやく完成しました。細かい点はともかくとして、長い間望んでいたことを、この辞典でほぼ実現することができたと、今はほっとしています。

この辞典の執筆、編纂《へんさん》作業を通じて、漢字についてさまざまなことを学ぶことができましたが、特に痛感したのは「漢字は日本語である」ということです。漢字のない日本語というものが、もはや想像することすらできないほど、日本人にとって、漢字は重要なものになっているのです。

この本には、こうして五十年の間、私を夢中にさせてくれた漢字の魅力のエッセンスを盛りこみました。『新潮日本語漢字辞典』とともに、日本語をもっと楽しむためのお役に立てればと思っています。

漢字は日本語である ● 目次

# 第一章　漢和辞典はなぜ役に立たないか

## 漢字は日本固有の文化

漢字ブームである。

書店には漢字関連の書籍が山のように並び、漢字力を試すゲームソフトがヒットし、日本漢字能力検定の受検者はこの十年足らずで二倍に増えて年間約二百六十万人になった。

このような漢字人気は、もはやブームというより、面白くて奥深い漢字の魅力を改めて評価しようという気運が定着した、と見ていいのだろうと思う。

日本固有の豊かな文化である漢字を楽しもう、という意識が定着してきたのである。

そんなことを言うと、

「漢字が日本固有の文化だって？　漢字は中国で生まれたものではないか」

という反論が聞こえてきそうだ。

たしかに漢字のルーツは中国である。今から三千五百年も昔の紀元前一五〇〇年頃、殷《いん》の時代に使われた甲骨文字が発掘されている。この甲骨文字は見た目には素朴なものだが、詳しく調べていくとすでに高度に進化していることがわかった。そのことから、漢字はさらに古い時代からあったのではないかといわれている。これが日本へ伝わったのは今から二千年ほど前、実際に日本人の手で使われるようになってからも千五百年ほどの年月が経っている。

しかし、現在、日本で使われている漢字は、長い歳月を経て、さまざまな日本式改良を施された、わが国独自のものである。中国にはない訓読を駆使し、送り仮名という画期的な発明を加え、見事に日本語のなかに組み入れたのは、まぎれもなく日本の英知なのである。さらに、日本は和製熟語を作り出して漢字の利用範囲を大きく広げた。

一方、本家本元の中国で、漢字の字体を大幅に簡略化した「簡体字」が使われているのはご存じの通りである。学校で簡体字を教え、出版物でもほとんど簡体字を使っていて、伝統的な字体である「繁体字」は影が薄い。中国では、簡体字は繁体字からさらに進化した漢字である、と考えているようだがはたしてそうだろうか。

中国へ逆輸入された日本製の熟語も数知れない。正式国名である「中華人民共和国」

の「人民」も「共和」も古典の中にあった言葉に日本人が新しい意味を与えた言葉なのだ。

これではもはや、生まれこそ中国でも、漢字は中国のものなどとはとても言えまい。現在の日本の漢字は、アレンジとソフィスティケートが得意な日本で豊かに育まれた、世界に誇れる日本の文化なのである。

それにしては、と私はかねがね不満に思っていた。

なぜ、日本には、ちゃんと使える漢和辞典がないのだろう、と。

おそらく、大人になって漢和辞典を使ったことのある人は非常に少ないはずだ。たいていの人は、漢和辞典を持ってもいないだろう。漢和辞典を持っているという人でも、高校の漢文の授業で必要なので買い、高校卒業以来、使ったことがなくて本棚で埃《ほこり》をかぶっている、という人がほとんどだろう。

国語辞典、英和辞典、現代用語事典などが、社会人の必需品として頻繁に使われているのとは大違いではないか。

## 「秋桜」「公孫樹」は何と読む？

漢和辞典の立場はわかるのである。

漢和辞典が現代日本の日常生活で使えないのは、当たり前といえば当たり前の話で、なぜなら、漢和辞典というものは、中国の古語、つまり漢文を読むための辞典だからである。

日本で現代文に対して古文があり、古文を読み解くための古語辞典があるのと同じように、中国にも現代文に対する古代漢語があって、漢和辞典はそれを読むために作られている。「四書五経」から始まって、『史記』であるとか漢詩であるとか、そうしたさまざまな漢籍を読むには不可欠だけれど、今の日本語を読み書きするのに役立たないのは当然なのだ。

昔は、漢和辞典が日本でも便利に使われていた。明治に入ってもしばらくは、日記などを漢文体で書いていたし、手紙も漢文の一種である候文《そうろうぶん》でしたためていたからだ。さらに法律の条文は、戦前までは漢文を読み下した漢字カタカナまじりで書かれていた。漢文を読み書きすることは、戦前までの人々にとっては日常的なことだったのだ。

漢和辞典が悪いわけではない。漢和辞典は漢和辞典として使えば非常に役に立つ。ただ、これを現代の日本語で使われている漢字を調べようとして使うと、大変困ったことになるのである。

たとえば、「海」という字をある漢和辞典で引いてみよう。「カイ」という音読と、「うみ」「わたつみ」などの訓読が書いてあるだけで、この字の意味についてはまったく説明がない。

中国語を日本語に対訳できればそれで漢和辞典の役目は終わりです、と言わんばかりである。発想は英和辞典と変わらない。日本語に翻訳できればいいという考えなのだ。

その字を使った熟語も、漢籍から取っているために、困ったことが起きる。

「秋桜」を何と読めばいいのかわからなくて、「秋」の項を引いても「桜」の項を引いても、出てこないのである。こう書いて「コスモス」と読むのだということも、「公孫樹」を「いちょう」と読むのだということも、漢和辞典ではわからないことが多い。「山車《だし》」とか「殺陣《たて》」も同様だ。

こういった情緒あふれる和製の熟語は、漢和辞典ではあまり扱っていないから、使い勝手が非常に悪いのである。

使えないから、漢和辞典をだれも使わない。使わないから進化せず、いつまでたっても使いやすくならない。それでますます使われなくなる、という悪循環がここにある。国語辞典や英和辞典がどんどん使われ、それにつれて使い勝手もどんどんよくなっているのとは対照的である。

## 「鍋」「町」の説明がない理由

漢和辞典には、訓読する熟語もほとんど載っていない。

ご存じのように、日本の漢字には音読と訓読、二通りの読み方がある。「一」の音読は「イチ」で、訓読は「ひとつ」というように。前者は中国語に由来する読み方で、後者は日本で意味をあてた日本だけの読み方だ。

中国には訓読などないので、中国語を読むための辞典である漢和辞典には、訓読熟語は原則として載っていない。訓読文字同士の「鍋物《なべもの》」とか、音読と訓読がごちゃ混ぜになった「団栗《どんぐり》」という言葉は、漢和辞典で調べることができないのが普通である。

現代中国では「鍋」という字を使っている。「回鍋肉《ホイコーロ》」といえば豚肉とキャベツの味噌炒めのこと。中国で鍋料理のことを「火鍋」というのは中華料理店で目にされた方も多いと思う。

ところが漢文には「鍋」という字はほとんど出てこないので、漢和辞典の「鍋」の項目は二、三行の説明しかなく、熟語も出ていないか、せいぜい一つ出ている程度である。

市町村の「町」という字は、日本では「町長」とか「町会」のように大変よく使う字だが、中国には「町」という自治体はないので、漢和辞典でもほとんど説明されていない。中国では「田のあぜ」という意味しかない。だから、「まち」という意味については、訓読がそっけなく書いてあるだけである。

それなら、そういう漢和辞典に載っていないことは、国語辞典で調べればいいではないか、という考え方も当然あるだろう。

しかし、五十音順に言葉を収録してある国語辞典には、「読めない字は引けない」という弱点があるのである。その上、漢字一字単独の意味は国語辞典には書いていないのがふつうである。中には出ている辞書もあるが、力を入れているとは言えない。

そこで漢和辞典を使おうとしたときに、漢和辞典の不便な点がまたもや浮上する。読めない以上、画数か部首で検索することになるのだが、画数も部首も複雑でよくわからないのだ。

いまパソコンでは手書き検索機能があって、読めない漢字でも簡単に調べることができるから、画数だ部首だとよくわからないことで悪戦苦闘するくらいなら、漢和辞典なんか使わなくてもいいや、ということになるに決まっている。

**部首が違う「問、聞、悶」**

部首というのは本当にわかりにくい。たとえば相談の「相」という字の部首は何かと聞かれたら、「木の部（木へん）」と答える人が多いと思うのだが、実は「目の部（目へん）」なのだ。

もっと複雑な例を挙げると、「問、聞、悶、閣、閥、閲」の違いがある。六つの字とも「門」の中に字が入っているので、すべて「門がまえ」かと思いきや、これがそうではない。閣、閥、閲は「門の部（門がまえ）」で正解だが、問は「口の部」、聞は「耳の部」、悶は「心の部」に属するのである。

なぜこんな面倒くさいことになるのかというと、部首は基本的に、意符の部分を取ることになっているからだ。意符とは、漢字の意味を表す部分。これに対して、音を表す部分を音符と呼ぶ。

問、聞、悶は、音読で「モン」と読む。ということは、音符が「門」で、意符がそれぞれ「口」「耳」「心」ということになり、それが部首になる。ところが、閣は「カク」、閥は「バツ」、閲は「エツ」と読むので、音符が「各」「伐」「兑」で、意符、つまり部首は「門」になるというわけだ。

攻撃の「攻」と牧場の「牧」も、右側が同じ字でありながら、この原則によって違う部首に分類されている。「攻《こう》」の音符は「工」で意符は「攵（攴）」、「牧《ぼく》」の音符は「攵」で意符は「牛」。したがって、前者は「攵（攴）の部（ぼくにょう）」であり、後者は「牛の部」になるのである。

理屈としては、たしかに筋が通ってはいる。しかし、辞書を引くのに、こんな面倒なことをいちいち考えてはいられない。

## 部首の分類が決まったのは千九百年前

では、この部首という概念はだれが編み出したのか。

中国で最初の漢字字典『説文解字《せつもんかいじ》』を著した許慎《きょしん》という人である。彼が五百四十の部首を定め、漢字を分類した。このとき、「意味を表す部分を部首にする」という原則ですべての漢字を分類している。紀元一〇〇年ころ、後漢の時代、今からざっと千九百年前のことである。

その作業たるや、さぞかし大変だっただろうと敬服するが、出来上がった辞書を引くほうもかなり苦労したに違いない。五百四十という部首の数は、現在の二百十四部首の倍以上だ。しかも、その多数の部首が、画数順ではなく意味関連で並べられていたために、いったいどこをどうやって引いたらいいのかわからなかっただろう。苦労の末に部首を見つけたとしても、同じ部首に属する字も意味別にまとめられているから、必要な字を見つけるためにはしらみつぶしに探さなくてはならない。

そこで、これを改良して、明の時代、一六一五年に、梅膺祚《ばいようそ》という人が『字彙《じい》』という字典を作った。この字典は、『説文解字』よりはかなり使いやすい。部首を二百十四に整理し、それを画数順に並べ、同じ部首の中の漢字も画数順に並べているからだ。それに加え、部首を決めるルール自体も少しはわかりやすいように変更した部分がある。

たとえば「強」という字は、『説文解字』のルールに従えば、音符が「弘《こう》」で意符が「虫」なので「虫の部」になるが、これを「弓の部」に変えた、という具合である。

しかし、以前よりは引きやすくなったものの、部首の根本的な原則はそのまま、以降の字典に受け継がれていった。清の康熙《こうき》帝《てい》が命じて一七一六年に完成させた『康熙字典』は全四十二巻四万七千三十五字の巨大な字典である。この字典も『字彙』と同じように部首別、画数順に配列されており、この「康熙字典配列」が現在もなお日本の漢和辞典に使われている。

つまり、中国で約千九百年前に決められた「部首」という概念と約三百年前に決められた配列に、いまだに縛られ、不便なままでいるのが、日本の漢和辞典の現状なのだ。

## 漢和辞典の歴史

現在に伝わる日本の字典のうち最も古いものは、八三〇年ころにできた『篆隷万象名義《てんれいばんしょうめいぎ》』（空海撰）といわれている。しかし、これは中国の字典をダイジェストしただけのもので、訓読さえつけられていないから、全く日本語の字典とはいえない。日本の字典に訓読がつけられたのは、九〇〇年ころにできた『新撰字鏡《しんせんじきょう》』が最初である。しかしこれらの字典は広く一般に使われるというようなものではなかった。

一般の人に字典が使われたのは『節用集《せつようしゅう》』あたりからだろう。『節用集』は室町時代に初めてできたが、江戸時代に広く普及するようになる。日常的に使われる言葉を漢字で表記するための辞書で、言葉をいろは順に並べてあった。「伊勢《イセ》」「印度《インド》」というように、漢字の表記にカタカナで読み方が振ってあるだけのシンプルなものだったが、日本語を漢字でどう書けばいいのかを一般の人が調べるためには、使いやすく、これで十分だっただろう。

本格的な漢和辞典としては、明治三十六（一九〇三）年に三省堂が出版した『漢和大字典』が最初だった。「漢和辞典」という言葉自体も、このとき英和辞典に倣って作られたものだ。これは、いま私たちが使っている漢和辞典の源流とも言えるもので、熟語を載せた初の漢和辞典である。

というのも、『康熙字典』など近代以前の中国の字典には親字（一字で見出しになっている漢字）が並んでいるだけで、熟語はいっさい載っていないのだ。

大正六（一九一七）年には『大字典』が編まれた。東大国語研究室の助手だった栄田《さかえだ》猛猪《たけい》が、漢籍だけでなく「万葉集」や「古事記」といった日本の古い典籍に出てくる熟語や、手書き文字で広く使われた字を入れて作り上げたものだ。

『大字典』の版元は啓成社であったが、戦後、講談社が版権を得て出版。平成五（一九九三）年からはこれをリニューアルした『新大字典』として続いている。この辞典は、特に異体字については他の辞書に出ていないものが多数でているので、今に至るまで一部に強い支持を得ている。

とはいえ、漢和辞典の部首の分類と配列は、現在に至るまで、いっこうに変わっていない。

いや、なかには部首の分類を大幅に変えるというチャレンジをした辞書もあったし、別の配列法によった漢和辞典も何種類も出ている。なかでも長澤《ながさわ》規矩《きく》也《や》編の一連の漢和辞典は現在でも版を重ねているが、他の漢和辞典がその方式を使うというところまではいかなかった。

## 吉野家と𠮷野家

ところで、街を歩いていて、「あれ？」と不思議に思う漢字に出会った経験がないだろうか。

牛丼屋の「𠮷野家」という看板などは、多くの人に軽い違和感を与えるかもしれない。「吉野家」でなく「𠮷野家」と書いてあるからだ。

「吉」という字は、「士」に「口」と学校で習った漢字である。漢和辞典にも、上の部分が「土」の「𠮷」は載っていないことが多い。

吉田さんという苗字の「吉」も、大安吉日の「吉」も同様である。現在では「吉」でなく「𠮷」が正しいということになっているのだ。

それなのに、なぜ「𠮷野家」なのか。

しかし、実は昔は、「吉」ではなく「𠮷」のほうを使うのが一般的だったのである。

漢字の書体の変化

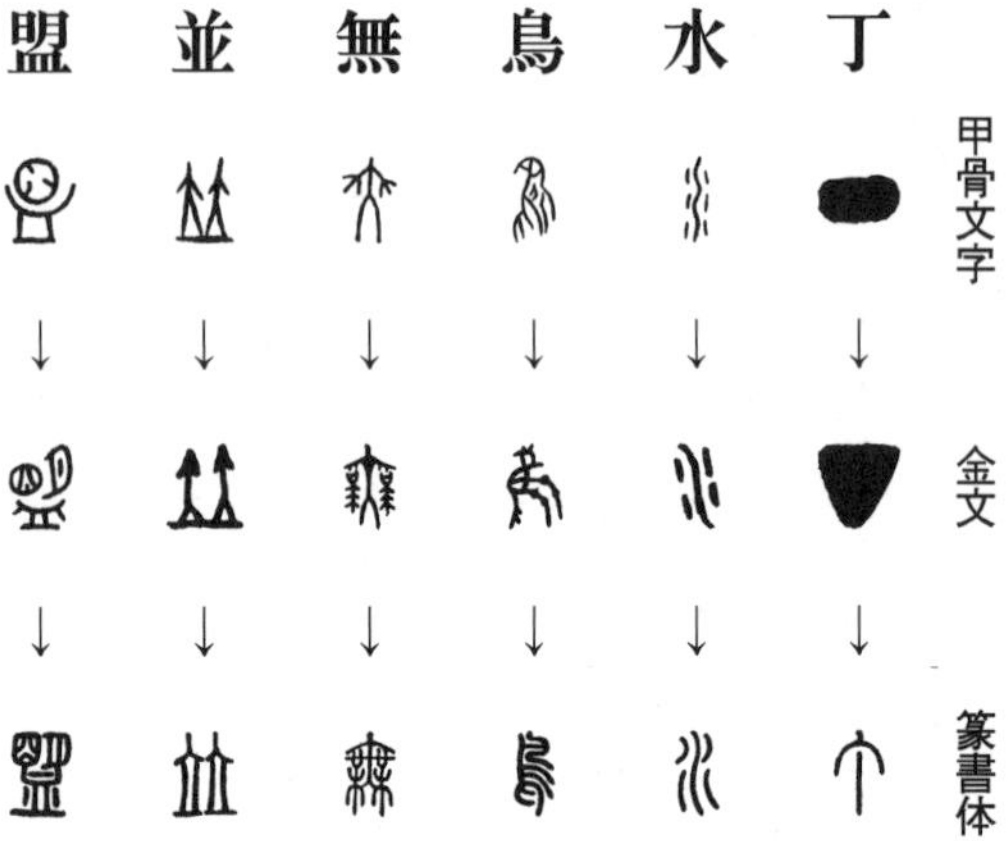


少なくとも手書きの楷書体《かいしょたい》で文字を書いていた時代はずっと、「吉」で一貫していた。それは中国でも同じだ。「𠮷」という字は、明治以前には字典の中にしか存在しなかったのである。

「吉」が「吉」に移行していったのは、『康熙字典』に載っているのが「吉」でなく「吉」だったためだ。決定的だったのは活字の普及である。『康熙字典』に書いてある通りに活字を作ったために、「吉」が「吉」になった。

それでも当初、人々は平気で「吉」のほうを使っていたが、学校教育でも「吉」のほうが採用されたから、次第にこちらのほうが主流になっていったのである。

つまり、「吉野家」は、現在の活字文化の中では勢力を失い、漢和辞典にも載っていない「𠮷」の字をあえて使っているのだ。

さて、一般的には「𠮷」と書いていた文字を、なぜ字典が「吉」としていたかというと、それは最古の字典である『説文解字』に倣ったのである。そして、篆書《てんしょ》や甲骨文字などの古代文字にまでさかのぼると上の部分は「土」ではなく「士」であったことがわかる。中国の古い字典ではこのように字源に忠実な「字典体」が使われていて、これは一般の手書き文字である楷書体とは違った特別の書体だったのである。

漢字の書体は、大雑把にいうと、篆書、隷書、楷書の順に変化してきている。

篆書は、周の時代（前一〇五〇ころ～前二五六）に使われていた大篆と、秦の始皇帝（在位前二二一～前二一〇）の時代に、当時使われていた書体を整理して作られた小篆などの総称であるが、小篆のことを指すこともある。これは、非常に複雑で曲線部分の多い書体で、簡単に書けるようなものではない。しかし、現在の日本でも、印鑑などに残っている。

この篆書を書きやすいように、紀元前後、漢の時代、実用化したのが隷書体である。この書体は、紙幣にある「日本銀行券」「壱万円」といった文字や、朝日新聞の題字などに使用されており、楷書体とそう大きくは違わない。

現在私たちが日常的に使っている楷書体は、後漢末の三世紀には成立したと言われている。

### 活字による漢字の先祖返り

中国という国には、驚くほど古い書物が残っていない。物を残しておくのが大好きな日本人から見ると、それは信じられないほどだ。

南北朝時代の五四三年に作られた『玉篇《ぎょくへん》』(「ごくへん」とも読む)という字典は、一つの漢字について数十字から百字くらいの長文の説明がついていて、非常に便利でよくできた本だったのだが、もっと収録字数を増やして説明文を大幅にカットした『大広益会玉篇』が一〇一三年に出ると、もともとの『玉篇』のほうはすべてなくなってしまい、いま中国にはまったく残っていない。

それが全三十巻のうち、七巻分ほどの写本が日本の寺などに残っているのが明治時代に発見されて騒ぎになったが、中国と日本の違いがよく表れていて面白い。最古の字典『説文解字』にしても、現存する最も古いものは唐の写本が数枚だけである。唐の時代にはすでに楷書体が使われていたため、『説文解字』の写本は、本文は楷書体で書かれているが、親字だけは篆書で書かれている。

風呂の「呂」や、宮崎の「宮」が、現在使われている字体になったのは、そのためだ。本来、楷書体では、呂は「吕」、宮は「宫」と書いてきた。ところが、『説文解字』の篆書の親字が「呂」「宮」と書いてあったため、『康熙字典』にもこの字典体が載るようになり、あとは「吉」のケースと同様にして、こちらがスタンダードになっていった。「鬼」や「番」という字もそうである。楷書体では「鬼」「畨」と書かれてきたのが、字典体では「鬼」「番」なのでこちらを使うようになった。

いずれの場合も、活字の普及によって、漢字の〝先祖返り〟が行なわれた、と考えることはできる。それはそれでいい。しかし、日常的に世間で使われている文字が字典に載っていないというのは、やはり不思議な話であるし、そんな字典は役に立たない。

## 新しい漢字辞典を刊行

現代の日本人が使うための、漢字の辞典。

漢和辞典と国語辞典のいいところをあわせ持った辞典。

そんな辞典が欲しいと私はかねてから思っていた。しかし、いつまでたってもそんな辞典が出ない。それなら作るしかないだろう、というわけで、このたび、私たちは『新潮日本語漢字辞典』を刊行した。

この辞書の最大の特徴は、用例と熟語を、あくまでも日本語を基準にして選んであることだ。この点が、漢籍を基準にしている従来の漢和辞典との大きな違いである。

具体的にご紹介しよう。私たちは、明治以降の近代文学から用例を取った。新潮社からは「新潮文庫の100冊」「新潮文庫　明治の文豪」「新潮文庫　大正の文豪」「新潮文庫の絶版100冊」という、新潮文庫をパソコンで読むためのソフトが出ていた。これらのデータを使って、夏目漱石、森鷗外から村上春樹に至るまで、馴染み深い日本文学から用例を採ったのである。

たとえば、「智」という字を引けば、

「智《ち》に働けば角が立つ。情に棹させば流される〔草枕〕」（夏目漱石）

という用例が載っている。

「屍体」の用例には、

「桜の樹の下には屍体が埋《うず》まつてゐる！〔桜の樹の下には〕」（梶井基次郎）

と書いてある、という具合だ。

熟語も、漢籍にあってもなくても、日本で実際に使われている日本語の熟語にこだわって収録した。そのため、前述した「秋桜《コスモス》」「公孫樹《いちょう》」や、「秋刀魚《さんま》」「一寸《ちょっと》」「細雪《ささめゆき》」といった日本語の熟語がすぐに調べられる。

また、「生命《いのち》」「生業《なりわい》」「生計《くらし》（「たつき」とも読む）」など、明治以来の日本語で広く使われてきながら、その読み方が漢和辞典にも国語辞典にも載っていないケースについてもカバーした。

さらに、「卓子《テーブル》」「手巾《ハンカチ》」「衣嚢《ポケット》」といった外来語を漢字で表記したものは、他の辞典ではほとんど収録されていないが、これも幅広く扱っている。

そして、それぞれの親字の説明については、単なる言い換えに終わらないよう、音読と訓読の両方向から関連付けて説明するように工夫してある。

「薄」という字であれば、厚さが少ない「薄氷」「薄い下着」、量が少ない「薄給」「品《しな》薄《うす》」、密度や濃度が少ない「稀（希）薄」「毛が薄い」、程度が少ない「薄明」「印象が薄い」、冷淡で真心がない「薄情」「情が薄い」、幸せでない「薄命」「幸薄い」――このような字釈をつけてある。

## 一冊物では最大級の収録字数

日常的に目にするさまざまな異体字も積極的に収録した。蕎麦《そば》處《どころ》の「處（処）」や商店の値札に書かれている百弐《えん》の「弐（円）」などの手書きの異体字や、「才（第）」「耺（職）」「旺（曜）」など日本でできた略字も載せたのである。

つまり、日本語の文章を読むために使いやすい辞書を『新潮日本語漢字辞典』は目指した。これさえあれば、現代の日本で実際によく使われているすべての漢字が読めるように作ったつもりだ。

収録した親字項目は一万五千三百七十五字。一冊物の漢和辞典としてはかなり多い方である。当初は二万字を目安としたのだが、実際にいまの日本で使われている漢字をほぼ網羅しても一万五千字余なのだ。

ちなみに、日本の漢和辞典で最も収録字数が多いのは、大修館書店の『大漢和辞典』で、全十二巻に約五万字の親字が載っていて、さらに索引一巻、語彙《ごい》索引一巻、補巻一巻が付いている。

これで驚いてはいけない。中国の『中華字海』は約八万五千字の親字を載せている。表紙をめくったところに赤い大きな字で「当今世界収漢字最多的字典」と謳ってあるとおり、これが世界一多くの親字を収録してある字典ということになる。『中華字海』がスゴイのは、これだけ膨大な字数を収録しながら、週刊誌と同じB５判サイズで一冊にまとめてあるところだ。ページ数も約千八百六十ページと決して多くない。

しかし、内容を見てみると、横組みの三段組みに親字がずらっと並んでいて、読みと説明が一行書いてあるだけのことが多い。並んでいる字も初めて見るものがほとんど。

過去に出たあらゆる字典や古い石碑などから、異体字を徹底的に集めて一冊に詰め込んだ、漢字のカタログ的な本である。

したがって、見たこともない変な字を調べるにはいいが、実際に使われている漢字について詳しく調べたいと思う人には『中華字海』はあまり役に立たないはずである。

## 索引方法を変えなかった理由

さて、内容面では大きな改革を試みた『新潮日本語漢字辞典』であるが、ただ一点だけ、従来の漢和辞典のやり方をあえて踏襲した部分がある。

それは、部首の分類と配列である。踏襲した理由は、混乱を招かないためだ。検索の方法を変えてしまうと、まずそこから覚えなくてはならない。読者にそういう手間をかけさせずに、今までどおりの引き方で、今までとは違う内容に出会える、ということでよいのではないか、と考えた。

それに、検索の方法を変えないでおくと、他の漢和辞典と比較したり併用したりしやすいという利点もある。同じ部首の同じ画数で別の漢和辞典を引けば、容易に同じ項目を見ることができる。

この一冊をぜひお手元に置いていただければ幸いである。日本が育んだ漢字の面白さや奥深い魅力が、ますます身近に感じられるに違いない。

そして、漢字の不思議さをあらためて感じて、もっともっと漢字について知りたくなるだろう。

辞典を作っていくうちに、漢字をより面白くより不思議に感じるようになった私と同じように。

次章以降では、漢字の面白さ、不思議さについて、さまざまな角度から言及してみたい。

# 第二章　斎藤さんと斉藤さん

## 「々」は何と読むか

東京・新宿駅の隣に代々木という駅がある。この代々木の「々」という字を学校で習った記憶があるだろうか。

たぶんないはずだ。「々」は漢字ではなく、前の字を繰り返すことを意味する記号だからである。

文部省が定めた「々」の正式な名称は「同の字点」。パソコンでも「どう」と打ち込んで変換すれば「々」が出てくる。もともとは「仝《どう》」という字が変化してできた記号であることから、この名称になった。出版業界では「ノマ」とも呼ぶ。なお、「々」は漢字ではなく記号なので、『新潮日本語漢字辞典』には収録しなかった。

「々」は日本独自のもので、中国にはない。歌人であり国文学者だった佐佐木信綱（明治五年〜昭和三十八年）は、本来、「佐々木」という苗字だったのを、訪中した際に「々」などという字は中国には存在しないことを指摘され、「佐佐木」に改姓した、という逸話がある。

しかし、日本では「々」は大変よく使われていて、名刺に「佐佐木」と書いてあったら、逆に妙な感じがするだろう。

ちなみに、女優の松嶋菜々子は、本名は「奈奈子」だそうだ。字も「菜」と「奈」で違うし、「々」も使っていない。

地名にも、代々木をはじめ、「々」を使ったものは多い。千葉県の「酒々井」は「しすい」と読む。北海道にある「枝々幸」は「えだえさし」。愛知県の「外々外」などはなんと「そとがいと」と読ませる。

前の漢字を繰り返す、というルールは守られているものの、その読み方となると、前の読み方と同じとは限らず、何でもありに近い状態である。

また、「々」は、「奈々」のように名前に使うことも認められているが、「々」以外にも人名への使用が許されている記号が三つある。

「ゝ」「ゞ」「ー」の三つである。「ゝ」は平仮名の繰り返し記号であり、「ゞ」は「いすゞ自動車」という社名に残っているように、濁点付き平仮名の繰り返し記号。そして、

「ー」は音引き（長音記号）である。

法律上は、「こゝろ」とか「みすゞ」とか「ゆーか」という名前を子供につけることが認められているわけだ。

ただし、「ゝ」「ゞ」は、一般の文章からは姿を消している。戦前までは使われていたカタカナ繰り返し記号「ヽ」、濁点付きカタカナ繰り返し記号「ヾ」、「各〻《おのおの》」「屢〻《しばしば》」など、漢字一字を繰り返して読むときに使う繰り返し記号「〻」、「かく〱しか〲」などというときに使った二字以上を繰り返す記号「〱」と「〲」、それらと一緒に戦後、使用することをやめたからだ。

繰り返し記号で現在も一般に使用されているのは「々」だけなのである。

**「高」ではない髙村薫**

直木賞作家の高村薫氏は、まったく違う本名を持つ女性である。平成二（一九九〇）年に日本推理サスペンス大賞を取って、デビューが決まってから、このペンネームをつけた。このときは普通の「高」だったのだが、数年後、「高」を「髙」に変えて、すべての著書が「髙村薫」に統一された、という経緯がある。

「髙」は「高」の俗字で、「はしごだか」と呼ばれる。昔の手書きの文書を調べると、おしなべて「髙」のほうが使われている。「吉」の場合と同じように、字典に「高」のほうが載っていたために今ではこれが使われるようになったのだろう。

しかし、髙村氏だけでなく、「高」ではなく「髙」のほうを使いたい、という人は非常に多い。

JIS漢字コードというのがある。詳細は別の章に譲るとして、ここでは、この規格が、パソコンやワープロで扱える漢字を定めたものだ、ということだけご理解願いたい。JIS漢字の中で、「高」は携帯電話でも使える「X　0208」という規格に入っているが、「髙」は「X　0221」という規格にしか入っていない。携帯電話などでは使えない「外字」なのだ。

つまり、髙村薫氏や、自分は「高橋」ではなく「髙橋」だという人は、自分の苗字を携帯電話で使えないことになる。

NTTの電話帳の「X　0208」の外字について調べてみると、外字の出現数一位は「髙」で二万三千八百七件あった。二位の「﨑」は二万二千七百五十五件、それ以降はぐっと件数が減って、三位「濵《はま》」の千三百三十四件、四位「桒《くわ》」の千二百四十五件である。

不思議なのは、「JIS X 0213」において、二～四位の「﨑」「濵」「桒」が新たにコード入りしたのに、一位の「髙」だけが外字のままだったことだ。「髙」は、第七章で説明する「包摂規準」によれば「高」と同一の字とみなす、ということで採用されなかったのだが、細部にこだわる日本人がこだわっている代表的な字なのだから、融通を利かせてコードに入れてもいいのではないかと思う。

### 「竜」と「龍」のナゾ

「竜」と「龍」は同じ字の新字と旧字だが、現在でも両方とも使われているという珍しい例だ。

「竜」と「龍」、二本立ての歴史は、昭和二十一（一九四六）年に定められた当用漢字表（現在の常用漢字表の前身）にさかのぼる。「竜」も「龍」も当用漢字には入らなかったから、この表には載っていない。しかし、「龍」を一部分に持っている「瀧」と「襲」の二字が当用漢字に認められた。ところが、「瀧」は当用漢字制定当初から「滝」という新字体になったが、「襲」は元のままにされる、というおかしなことが起こったのである。

続いて昭和二十六（一九五二）年には、人名漢字に「龍」が入ったが、「竜」の字体は認められなかった。

さすがに文部省もこれはまずいと思ったのか、昭和二十九（一九五四）年の当用漢字補正案で「竜」が選ばれ、これ以降、長い間にわたって人名用漢字は「龍」、補正漢字は「竜」という二本立ての時代が続いた。

ようやく一本化されたのは昭和五十六（一九八一）年の常用漢字表においてで、「竜」が新しく常用漢字に選ばれ、「龍」は人名漢字から姿を消したのである。

ところが、並立時代があまりにも長かったので、「竜」と「龍」は別字、という意識が世間に根付いてしまい、子供の名前に「龍」を使いたがる人も多かった。そのため「龍」は昭和五十六年に「人名用漢字許容字体」として当分の間認められることになり、さらに平成十六(二〇〇四)年には、「龍」が正式に人名用漢字表に採用され、晴れて「竜」と「龍」の二本立ては公認されたのである。

ただし、この話にはまだ続きがある。混乱を避けるために、ここまでは旧字のほうを「龍」と書いてきたが、実は「龍」は人名用漢字表によると、正式には「龍」として認められている。一画目が縦ではなく横になっているのである。昭和二十六年の人名用漢字表でも平成十六年の人名用漢字表でも、横向きの「龍」とはっきり書かれているのだ。



**大阪はいつから大阪か**

大阪はなぜ、「大坂」でなく「大阪」なのだろうか。

「阪」という字はほとんど地名にしか使われない。大阪や、松阪牛で有名な三重県松阪市のように。松坂大輔だってデパートの松坂屋だって「坂」である。

では、大阪と松阪だけが特別に昔から「阪」だったか、というと、そんなこともない。歴史書をひもとけば「大坂夏の陣」や「大坂城」「松坂藩」という具合に、ほとんどの場合、「坂」と書いてある。

江戸時代までは、大阪も松阪も、土へんの「坂」を使っていたのである。大坂がこざとへんの大阪になったのは、明治元（一八六八）年、大阪府ができたときからだった。このとき、太政官から下付された大阪府印に「阪」の字が彫られていたためにそうなったようだ。

判子の文字が「阪」だったのは、またもや『説文解字』のせいである。この字典に「坂」は載っていなくて、「阪」だけが載っているのだ。字を彫る人は、判子に使う篆書体が大量に載っている『説文解字』を手本にするから、「阪」という字を彫り、府印がそうなっている以上、「大阪府」なのだ、ということになったのだろう。

松阪市の場合も、同じような経過をたどったのではないかと思う。参考までに付け加えておくと、松阪市は「まつさかし」と読むのが正式である。

**斎藤佑樹は「斉藤」ではない**

早稲田大学で活躍中のハンカチ王子、斎藤佑樹投手は「斎藤さん」だが、サイトウさんという苗字にはもう一つ、「斉藤さん」がある。

「斎」のほうが画数が多いので、なんとなく「斎」の略字が「斉」だと思いがちだが、この二つの字は全く別の字である。

「斎」は「サイ・いつき」と読んで、神仏につかえるために心身を清めること、という意味がある。「斎戒沐浴《さいかいもくよく》」「書斎」「斎宮《さいぐう》（「いつきのみや」とも読む）」などと使う。この旧字は「齋」である。

「斉」のほうは「セイ・サイ・ととのえる・ひとしい」と読んで、どれもそろって同じである、という意味だ。「均斉」「一斉」「斉唱」などと使うときには「セイ」と読み、「斉藤」のときだけ「サイ」と読む。旧字は「齊」である。

というわけで「斎藤さん」と「斉藤さん」は全く別の苗字だから、ハンカチ王子を「斉藤佑樹」と書くと、彼に失礼である。

サイトウさんに年賀状を書いたりメールを打ったりするときは、その人がどちらの苗字なのか、くれぐれも気をつけたい。

面白いのは、文化人には、作家の斎藤栄、精神科医の斎藤茂太ら、「斎藤さん」が多いのに対して、芸能人の場合は、斉藤由貴、斉藤洋介、斉藤慶子らの「斉藤さん」が多いこと。文化人は権威付けのために難しいほうのサイトウさんを、芸能人は親しみやすくするためにやさしいほうのサイトウさんを名乗る傾向があるのかもしれない。

## 「己」「已」「巳」の違い

国民栄誉賞を受けた冒険家、故・植村直己のように、「直己」と書いて「なおみ」と読ませる名前は多い。

だが、「己」の読みは「キ・コ」だから、ウルサイことを言えば「なおき」あるいは「なおこ」としか読むことができない。

「なおみ」なら「直巳」でなければならないのである。

「己」と「巳」、そして古文法で出てくる已然形《いぜんけい》の「已」、この三字は非常によく似ていて、あまりにも紛らわしいので三字を区別する歌がある。

「ミ、シ（巳）は上、ヤム、イはスデニ（已）半ばなり、オノレ、ツチノト、コ、キ（己）下に付く」

という。

上からつながる「巳」は十二支の六番目、子《ね》・丑《うし》・寅《とら》・卯《う》・辰《たつ》・巳《み》（蛇）の「み」である。中央から始まる「已」は「い」で、未然形の「未」が「いまだ」と読むのに対し、「すでに」と読む。

そして、下から出る「己」は「自己《じこ》」とか「知己《ちき》」のように「おのれ」の意味であり、十干《じっかん》の六番目の「つちのと」でもある。

この三字は、現代でこそこうして区別されているけれど、明治の文豪が書いた昔の筆跡などを読めば、全部ごちゃごちゃに使われていた。手書きの時代には、そんな厳密な区別などしていなかったのである。

いや、手書きの文字だけでなく、じつは活字だって同様だった。戦前の活字を見ると、「己」が入っているはずの「記」という字などは、「記」となっているものも「記」となっているものもあり、きわめてアバウトだったことがわかる。

だから、実際には、直己を「なおみ」と読ませようが「なおき」と読ませようが、まったく不思議ではない。

## 正反対の意味を併せ持つ一文字

個人情報なので苗字のほうは秘すが、名を「｜」という人がいる。縦棒一本という大変珍しい字で、これを「すすむ」さんと読む。一回見たら生涯忘れることのできない、素晴らしいお名前だと思う。

この縦棒にはもう一つ意味があって、驚くべきことに、それは「しりぞく」である。一本の棒が、まるっきり正反対の意味になるとは、スゴイ話ではないか。

進むと退くの区別は、縦棒が書かれた方向による。下から上へ書かれていれば「進む」、上から下なら「退く」になるのだ。そんなバカな、と思うだろうが、漢和辞典にちゃんとそう書いてある。

何万とある漢字の中で、縦棒を下から上へ書くというのは、他にほとんど例がない。漢字は、縦画は上から下へ、横画は左から右へ書くことになっているのである。

理由は簡単で、単にそのほうが書きやすいからだ。ただし、マジョリティである右利きの人にとって、である。縦画はいいとして、横画を左から右へ書くのは、私のような左利きの人間には、非常にやりにくい。

右利きの方は、試みに「一」という字を右から左へ書いてごらんになれば、われわれマイノリティの痛み苦しみを多少なりともご理解いただけるのではないか。

左利きの人が字を書くところを観察していると、たいがい紙を右へ曲げて書いているはずだ。私などは右へほぼ九十度回転させて書く。こうすれば、縦画を右から左へ、横画を上から下へ書くことができて、大変書きやすくなるのである。

ところで、文字というものはすべて左から右に書くかというとそんなこともない。例えば、アラビア文字は横書きだが右から左に続け文字で書く。ヘブライ文字も右から左に書く。アラビア文字を使うアラブ諸国や、ヘブライ文字を使うイスラエルでは、サウスポーのほうが字を書きやすいということになる。

しかし、これらの国でも多数派は右利きのはずだ。特にアラブ人は、九十九・九パーセントが右利きである。彼らにとって左手は、シモのことをする不浄の手とされており、生まれつきの左利きでも右利きに矯正されるのだ。

それなのに、右利きが書きにくい、右から左への続け文字が綿々と続いているのだから、文化や慣習というのは理屈どおりに割り切れず、そこが面白い。

## 「戦前は右横書き」説は間違い

アラブやイスラエルだけでなく、日本でも戦前は、右から左へ字を書いていたではないか、と思われるかもしれない。

たしかに戦前の新聞の見出しや、商店の看板を見ると、横書きの文字は右から左へと書かれている。それで、戦前は右横書きだったのが、戦後になって左横書きに変わった、と考える人が多い。

だが、戦前にも、横書きは左から右へ書いていたのである。学生がノートを取る場合を想像するとわかりやすい。戦前にも欧文はあった。欧文は左横書きである。数学の数式も、音楽の楽譜も、左から右へ書く。これらとの整合性を取るためには、日本語の文章も、横書きにする場合は左から右へ書かなければならなかったはずである。

では、あの新聞の見出しや商店の看板は何なのか。実はあれは、縦書きなのである。どんなに横長でも、縦書きなのだ。

日本語は縦書きで書く場合、右の行から左の行へと書き進めていくのだから、たとえば「春夏秋冬」という見出しを一文字ずつ四行で書くなら、右の行から左の行へ向かってこれを並べる。すると、左から「冬秋夏春」という見出しが出来上がるわけだ。「山本商店」の看板も同じ理屈で、左から「店商本山」になる。

それは、床の間の掛け軸と欄間の額の関係と同様だ。掛け軸は縦長で、「花鳥風月」と一行にできるが、欄間額は横長なので四行になってしまい左から見ると「月風鳥花」となる。しかし、どちらも縦書きで書かれていることには変わりない。

つまり、戦前の「右横書き」に見えるものは、「一文字×複数行」の縦書きだったのであり、戦前から日本語の横書きは左から右へ書かれていたのである。

現在でも、トラックの車体などには、「内田運送」などという社名が右横書きで書かれていることがあるが、あれはもちろん、前から後ろへ向かって書かれているだけで、「横書きは左から」というルールには影響を与えない。

## フグとイルカとブタの関係

「河豚」と書いて「ふぐ」と読む。ある魚が中国では「河豚」と書かれ、日本では「ふぐ」と呼ばれているので、「河豚」と書いて「ふぐ」と読むことにしたのである。

このように、熟語単位で訓読をあてたものを「熟字訓」という。これに対して「当て字」というのは、とにかく音が合う漢字を当てたもので、「合羽《かっぱ》」「寿留女《するめ》」「仏蘭西《フランス》」のようなケースを指す。

熟字訓は、その読み方をどこかで学習していなければ読むことはできない。「河豚」が「ふぐ」で、「海豚」と書けば「いるか」と読むなんて無茶な話ではないか。だいたい、どういうわけで、「ふぐ」が河で「いるか」が海なのか。「ふぐ」だって海にいるのだ。「ふぐ」を「河豚」と書くのには理由がある。「ふぐ」の一種「目河豚《めふぐ》」が、産卵のため中国の揚子江などをさかのぼる性質があり、そこから「河」と書くのだという。「ふぐ」が「豚」なのは、釣り上げると豚のように膨れるからとも、ブーブーと豚のような鳴き声を上げるからだとも聞くが、今度は「いるか」がなぜ「豚」なのかがわからない。

しかし、中国では昔からそう表記されているのであって、ぐずぐず言っても仕方ないのである。

熟字訓にはいろいろなタイプがあるのだが、漢文訓読語から生まれたものも多い。「就中《なかんずく》」「所謂《いわゆる》」「加之《しかのみならず》」「遮莫《さもあらばあれ》」「日外《いつぞや》」などがそうである。いずれも漢文訓読の初期に、この字が並んでいたら一かたまりでこう読んでおくと話がわかりやすい、というところから生まれたのだろう。

本筋から脱線した話を元へ戻すときに使う「閑話休題」は、音読するともちろん「かんわきゅうだい」だが、訓読で振り仮名を振れば「それはさておき」とするケースが最も多いだろう。短いルビだと「さて」、長いと「あだしごとはさておいて」なんて振り仮名が振ってあるものも戦前の文章には見られたものだ。

「破落戸《ごろつき》（「ならずもの」とも読む）」「乾児《こぶん》」「串戯《じょうだん》」「縹緻《きりょう》」などの熟字訓は、中国の白話小説に出てくる言葉に義訓（漢字本来の意味ではなく、その語の意味に合わせた訓）をつけたものだ。白話小説は、宋の時代に始まった口語体で書かれた物語で、『水滸伝《すいこでん》』『西遊記』『金瓶梅』など、多くの作品が日本でも読まれた。

熟字訓に振られた面白いルビも、これらの鑑賞にあたって一役買っていたのである。

## 外来語は漢字で書け

近年、私たちが大変困るのは、よくわからない外来語がそのままカタカナで使われることである。いったん和訳して、漢字をうまく使ってやれば、もっとわかりやすいのに、と思うのだ。

シミュレーションは「模擬体験」、アイデンティティーは「自己同一性」、イノベーションなら「技術革新」と書けばいい。これなら、初見でも容易にイメージが湧いてくるではないか。

「送風機」と書いてあれば、日本人なら小学生でも、風を送る機械のことだ、と即座に察しがつく。しかし、「ventilator」という英単語を見た英米の小学生は、「vent」というのがラテン語で風であることを知らないだろうから、字面から言葉の意味を想像することはまずできない。

そこが日本の漢字の素晴らしい特長なのである。漢字で書けば、その言葉の意味がピンとくる。漢字は本来一文字ごとに意味を持っているが、中国語ではそれが判りにくくなっているのに対し、訓読のある日本の漢字では、それが明確なのだ。

今の中国語では、そうするのは難しくなっている。古代中国語では漢字一字に相当する一音節の単語が大半で二字以上の熟語は少数派だったのだが、現代中国語では言葉が漢字二字以上のセットで出来上がっているものが多くなっているからだ。

たとえば、「色」のことは現代中国では「顔色」といい、「夫」のことは「丈夫」、「物」のことは「東西」という、といった調子である。そのため、一字ずつに分解して意味を考えるということが以前より難しくなっているのだ。

日中の漢字のこのような違いは、訓読があるかどうか、の違いによるところが大きい。日本では、漢字に訓読という独自性を与えたおかげで、一字一字の意味に関する意識が強まったからである。

新しい言葉を作ることが容易にできるのも、そのためなのである。

# 第三章　三浦知良はなぜ「カズ」なのか

## 「御中」いっぱい「鮨」を食う

「最近、お腹《なか》が出てきて困っています」というように、「お腹」という書き方はよく使われると思う。

ところが、国語辞典で「おなか」を引いてみても、「お腹」とは出ていない。中型国語辞典の『広辞苑』『大辞泉』には、いずれも「御中」と書いてあるのだ。また、『新明解国語辞典』は正書法欄には何も書いておらず、項目の最後に〈「御腹」と書くことが多い〉と付け足してある。他の辞書でも「御腹」という書き方は出てくるが、「お腹」はほとんど載っていないのである。

「御腹」ならまだしも、「御中」と書いてあったら「おんちゅう」と読んでしまう。「御《おん》中《ちゅう》」は「個人あてでない郵便物を出す時、そのあて名の下に添える語」と『広辞苑』も認めているではないか。

実際問題として、「Google」でインターネットを検索してみた（二〇〇八年一月調べ）。

実は今の検索システムでは、ある言葉がどんな文字を使って書かれているかを調べようとするときに、その言葉を単独で検索すると正確な件数が出ないことが多いので、「おなか」には「が痛い」、「すし」には「職人」をくっつけて全体を「ミ」で囲んで日本語のページを検索した。

「お腹が痛い」は四十三万八千件、「おなかが痛い」が十六万件あったのに対して、辞書の表記法を用いた「御中が痛い」はゼロ、「お中が痛い」は十一件、「御腹が痛い」は五十四件しかなかった。

「お腹」という書き方は、実際には最も多く使われているのに、国語辞典では嫌われている書き方、ということができるだろう。

同じように国語辞典に嫌われているのが、「寿司」という書き方である。『広辞苑』と『大辞林』で「すし」を調べると、漢字表記欄には「鮨・鮓」の二種類しか出ていなくて、「『寿司』と書くのは当て字」（広辞苑）、「『寿司』は当て字」（大辞林）と、カッコ内に書いてあるだけなのだ。

ネット検索の結果は、「寿司職人」二十二万件に対して、「すし職人」は五万千五百件、

「鮨職人」は二万二千八百件、「鮓職人」にいたってはわずか十四件しかなかったのに、である。

街を歩いていての実感としても、ほとんどのすし店の看板は「寿司」と書いてあるのではないか。この検索結果は、実際の使用頻度をかなり正確に反映していると考えていいと思う。

「お腹」も「寿司」も、いくら「当て字」であるからといって、これほど多く使われている書き方を正書法として認めないのは不思議だ。

**女三人寄ったら……**

「森」「品」「晶」のように、同じ字を上に一つ、下に二つの形で三つ重ねた漢字がある。このような漢字を、日本の古い漢字字書『新撰字鏡《しんせんじきょう》』では「品字様《ひんじよう》」として分類し、まとめて載せてある。現在の漢和辞典ではこの分類は使われていないが、同じ字が三つ集まると、意味も読みも一つのときとは変わってしまうのが不思議なところだ。

常用漢字の中では、品字様の字は「森、品、晶」の三字しかない。しかし、表外字にはけっこうあって、画数が多い分、一見とっつきにくいわりには、同じ字を三つ重ねればいいので、実は比較的覚えやすい。

車が三つの「轟《ごう》」は「とどろく」と読み、「轟沈《ごうちん》」というふうに使う。石が三つだと「磊《らい》」になって、ごろごろと石が多い様子を表し、「豪放磊落《ごうほうらいらく》」などと使われる。貝を三つ書いた「贔《ひ》」は、「えこ贔屓《ひいき》」という言葉があるように、肩入れするという意味の字だ。

面白いのは女が三つの「姦《かん》」。倫理にもとる性的関係を持つことを意味するこの字は、「姦淫」「強姦」などの熟語で見ることが多く、その印象は穏やかでないが、訓読すると「かしましい」になってガラリと雰囲気が変わる。女三人が寄り集まれば騒がしくなるに決まっている、というわけである。

馬が三つの「驫《ひょう》」、牛が三つの「犇《ほん》」となると、ほとんどの人が見たことがないだろう。だが、その意味は、前者が「多くの馬」、後者が「ひしめく」という、見たとおりの意味なので、一度見たらまず忘れやしない。「驫」は、青森県西津軽郡深浦町には「驫木《とどろき》」という地名がありＪＲ五能線の駅名にもなっている。

人名に使われて有名な品字様としては、直が三つの「矗《ちく》」がある。南極探検で有名な白瀬《しらせ》矗《のぶ》中尉の名として使われているこの字は、真っすぐ伸びる、高くそびえ立つという意味を持つ。

七が三つ集まった「㐂《き》」という字はよく目にするのではないか。これは「喜」を崩して書いた字で、意味も「喜」と同じだ。蕎麦屋や寿司屋の屋号によく使われている。

## 気になる「学」の「ツ」の部分

新潮社のすぐ近くの路上には、「通学路」という路面表示の大きい字が黄色いペンキで書いてある。この「学」という字が気になって仕方ない。変な字なのだ。
「学」の上の部分は、本当はカタカナの「ツ」のはずであるが、路面表示の「学」は真ん中が「｜」と縦棒になっていて「小」を上下逆さにしたようになっているのである。

路面表示に使う字は型をとって書くので、ほかにも間違った「学」の字を使った「通学路」の表示がたくさんあるのだろう。

これはかなり困ったことではないだろうか。現在使われている漢字には、「ツ」を使う字と、「小」を逆さまにしたものを使う字の二種類がある。両者は明らかに区別して使われるべきだろう。

上下逆さまの「小」を使う字は、以下のような字である。

賞、償、掌、常、党、当、堂、尚、肖、消、硝、宵、梢、削、鎖。

「小」を逆さまにした「学」の上の部分

これらの字はすべて「小」を要素とする字である。音を表わす音符は「小」であり、音読は「ショウ」「ジョウ」「トウ」「ドウ」「サク」「サ」と似ているグループである。「尚」以下の字は、旧字体で「小」だった部分をひっくり返して新字体としたものだ。

もう一つ上下逆さまの「小」を書くグループは、「光」を元にした「光、輝、耀、晃」などの字だ。これらは昔からこの形で、音読が似ていない代わりに、意味はみな光に関係がある。

さて、一方の「ツ」と書く字は、実は少々複雑で、六種類ものタイプに分かれる。しかも、昔の難しい漢字を何とかして簡略化しようとして、行き当たりばったりに「ツ」を使った感じが否めず、新字を見ただけでは元がどういう漢字だったかはまずわからないのである。

第一のグループは、「学（學）」や「覚（覺）」のように、「臼」に似た形の真ん中に「爻」がはいっている形を「ツ」で略したタイプ。

第二のグループは、「労（勞）」「栄（榮）」「営（營）」「蛍（螢）」など、「火二つ」を「ツ」で略したタイプである。

三番目のグループは、「口二つ」を「ツ」で略した「単（單）」「弾（彈）」「戦（戰）」「禅（禪）」「獣（獸）」などの字で、四番目のグループには「貝二つ」を「ツ」に変えた「桜（櫻）」がある。

さらには、「巛」を「ツ」に変えた「悩（惱）」「脳（腦）」「巣（巢）」といったタイプと、「與《よ》」の上部を「ツ」に変えた「挙（擧）」や「誉（譽）」があって、合計六つのパターンがあるのである。

ただし、六番目のグループで「與」の字そのものは、「ツ」ではなく「与」になっていて、ややこしいことこの上ない。

これだけややこしいと、ひっくり返った「小」と「ツ」の区別がいい加減になるのも、まあ無理はないのかもしれない。

## 看護師と保育士

平成十一（一九九九）年の男女雇用機会均等法の大幅改正を受けて、職業名も変わった。女性を看護婦、男性を看護士としていたのが「看護師」に統一されたり、性別により保母さん、保父さんと呼び分けていたのを「保育士」に統一したり、である。

この「師」と「士」の使い分けがいまひとつよくわからない。

「士」という字にはもともと「男性」の意があるのだから、「保育士」も「保育師」のほうがよさそうなものではないか。

しかし、考えてみると、国家資格の世界では男女に関係なく、広く「士」の字が使われてきている。

弁護士、公認会計士、税理士、行政書士、司法書士、弁理士、社会保険労務士、不動産鑑定士、土地家屋調査士、中小企業診断士、気象予報士、消防設備士、海技士、建築士、測量士。

医学に関係ありそうなものでも、栄養士、歯科技工士、理学療法士、介護福祉士などは「士」を使っているのだ。

一方、「師」の字を使っている国家資格はあまり多くはない。

医師、薬剤師、はり師、あん摩マッサージ指圧師、きゅう師、調理師、美容師、理容師、調教師などである。

こう並べてみて気づくのは、「師」を使っている資格は旧厚生省関係のものが多い、ということだ。「師」か「士」かの違いは、お役所の縄張りに左右されているのではないかと思われる。

## 「王」から「玉」になった「国」

「王」と「玉」は同じ字として扱われることがある。

将棋の駒には普通、「王将」と「玉将」が一枚ずつあって、前者を上手《うわて》が、後者を下手《したて》が使う。

また、以前、「蔵王錦《ざおうにしき》」という力士が、姓名判断で一画増やすといいと言われたらしく、四股名を「蔵玉錦」と改名したことがある。読み方は改名後も「ざおうにしき」のままだった。

どちらも、「玉」が「王」と同等の字とみなされるケースと言えよう。

玉の金文

王の金文

反対に、「王」と書いて「玉」の意味を表すケースとしては、「球」「珠」「理」などの字がある。これらの部首は「王へん」とも「玉へん」とも言うのだが、意味的には「玉」を表す字だ。ほかにも、「珊瑚《さんご》」「琥珀《こはく》」「瑠璃《るり》」など、宝石類にはたいてい「玉へん」がついている。

このように混乱して使われる「王」と「玉」、もともとはどちらの字にも点はなかった。上の図版を見ていただければおわかりかと思うが、大昔の金文《きんぶん》ではむしろ「玉」のほうが今の「王」に近い形で、「王」のほうは下の部分がふくらんでいる。それが隷書になるときに、どちらも同じ形になってしまったので、「玉」のほうには点を打って区別した、と『広韻』という古い辞書に書いてある。

「国」の旧字は「國」であるが、古くから「囗」の中に「王」や「玉」を書く略字があり、どちらかというと「王」を書く方が主流だったらしい。中国では、「太平天国の乱」で有名な太平天国で作っていた硬貨に、国名として「囗」の中に「王」と書いた字が刻まれているし、日本でも、大正十二年と昭和六年の常用漢字表、昭和十七年の標準漢字表のいずれもが、「國」の略字として「王」の入った字を採用しているのだ。

それなのに、戦後、昭和二十四（一九四九）年の当用漢字字体表で「玉」の入った「国」が採用されたのはちょっと不思議である。敗戦国日本で「国」の中に「王様」の入った字を使うのはふさわしくない、といった考えでもあったのだろうか。

中国も偶然、同様に「國」を「国」に簡略化したが、これは共産主義の国に「王」の入った「国」の字はふさわしくないということで、意図的に点をつけて「国」にしたそうである。

## 三浦知良と三浦和義

サッカーの〝キング・カズ〟こと三浦知良選手のフルネームは「みうらかずよし」と読む。「知」をなぜ「かず」と読むのか。「知」なら「とも」と読むのが普通だろう。「かず」なら「和」ではないのか。「知」という字と「和」という字が似ているので、混同しているのではないか、というのは誰でも感じる疑問だろうと思う。

同姓同名の「みうらかずよし」という有名人に、八〇年代に新聞紙面を騒がせた三浦和義さんがいる。日本では無罪が確定していたが、二〇〇八年二月にロス市警に逮捕され、一転して容疑者となった人物である。彼のように、人名では「和」を「かず」と読むのは非常に一般的である。

しかし、考えてみれば、「和」を「かず」と読むのも、不思議といえば不思議なのだ。「和」にはたくさんの訓があり、常用漢字表の字訓だけでも「やわらぐ」「やわらげる」「なごむ」「なごやか」の四種類が認められているほか、表外の字訓にまで広げると「あえる」「なぐ」などもあるが、「かず」などという読み方は出ていない。

試みに、国語辞典で「かず」という項目を引いて出てくるのは「数」という字だけであって、「知」はもちろん、「和」だって出てこないのである。

「知」も「和」も、「かず」と読むのは人名専用であって、このような人名にだけ使われる字訓を「名乗り」と呼ぶ。三浦和義さんの「和義」は「義《よし》」のほうも名乗りである。『新明解漢和辞典』によると、人名に「かず」と読む字は、「和」「知」のほかに五十七字もある。面白いから並べておこう。

「一二三五七九十千万壱参円収主冬会多年毎利寿応良効宗枚品孤政紀胤計重員師息料致航般起雄量運策業数種箇算雑影選憲積頻麗」

なんと、「良」という字も「かず」と読む。カズの「知良」は「かずかず」とも読めることになるのだ。

さて、肝心の「なぜカズと読むのか」であるが、名乗りとはいっても「字訓」なので、漢字の意味と無関係なわけではない。

「和」の場合だと、「合わせた数」という意味がある。数学で「ａとｂの和を求めよ」

などというときの「和」だ。この意味を表す訓が「かず」だから、「和」を「かず」と読むのは別に不思議ではないだろう。

では「知」を「かず」と読むのはなぜか。大きな辞書を見ても「知」の字には「かず」という訓を与えられそうな意味があまり見あたらないのだが、「知」には「配偶」とか「匹敵」という意味がある。つまり、「数を釣り合わせる」という意味から「知」を「かず」と読むようになったのかもしれない。

**名前は音読がカッコイイ？**

名前の読み方は難しくて、いろいろな読み方ができる。同じ「成」の字でも、「上田《うえだ》秋成《あきなり》」の場合は「なり」と読み、「楠木正成《くすのきまさしげ》」の場合は「しげ」と読む、といった具合だ。

特に明治以前の人の名前は、どう読むかがわかっているのはむしろ稀《まれ》であって、たいていの人の名前は読み方がはっきりしない。今だって、戸籍には名前が漢字で書かれているだけなので、ご本人に確かめなければ、どう読むかはわからないのである。

歴史上の人物を眺めてみると、音訓の両様に読む人物もたくさんいる。
「藤原定家《ふじわらのさだいえ》」は「ふじわらのていか」と読むのが普通だし、戦国武将の「加藤清正」は江戸時代に「清正公《せいしょうこう》」と読んで開運の守護神となり庶民の信仰を受けるようになった。
「徳川慶喜《とくがわよしのぶ》」は「けいき」、「伊能忠敬《いのうただたか》」は「ちゅうけい」、「上田《うえだ》万年《かずとし》」は「まんねん」、「原敬《はらたかし》」は「はらけい」……挙げていけば際限なく続く。

ことほどさように読み方が難しい人の名前である、読み方がわからないときは、どうしたらいいのだろうか。

とりあえずは音読しておくのが無難な作戦であるかと思う。漢字の歴史は音読から始まっていることでもあり、バリエーションが豊富な訓読よりも間違う危険性が低い。

それに音読のほうが、何とはなしに重みがあってカッコイイ。そう思うのは私だけだろうか。いや、作家の名前をどう読むか比べてみると、その説に同意してもらえるかもしれない。

作家には、本名は訓読なのにペンネームを音読にする人が少なくないのである。「菊《きく》池《ち》寛《かん》」の本名は「ひろし」、「安部《あべ》公房《こうぼう》」の本名は「きみふさ」、「横光《よこみつ》利《り》一《いち》」の本名は

「としかず」、「伊藤整《いとうせい》」の本名は「ひとし」、「松本清張《まつもとせいちょう》」の本名は「きよはる」である。

ほかにも、音読するのもアリになっている作家はかなりいて、「水上勉《みずかみつとむ》」は「みずかみべん」や「みなかみべん」と呼ばれることのほうが多かったし、「開高健《かいこうたけし》」も「かいこうけん」のほうが通りがよかった。「野坂昭如《のさかあきゆき》」は「のさかしょうじょ」とも呼ばれ、「斎藤茂太《さいとうしげた》」は「もた先生」と呼ばれていた。

面白いのは「藤田宜永《ふじたよしなが》」で、正しく音読すれば「ぎえい」だが、わざと間違えて「ふじたせんえい」と呼ぶと何となく業界っぽくなる。

というわけだから、読み方がわからない人の名前は音読しておく、という作戦、悪くないと思うのだがどうだろう。

## 不思議な「五行説」

五行《ごぎょう》とは「木、火、土、金、水」の五要素を指し、一般に「もっかどこんすい」とか「もっかどごんすい」などと読む。この五要素によってあらゆる現象を解釈しようとする「五行説」は、次のように様々なものをセットで組み合わせる考え方で、中国で古くから信じられてきた。

組み合わせをよく見るとおかしな部分もあるのだが、「古くからそうされてきたのだ」としか答えられず、「水はどうして黒なのか」などと私に聞かれても困る。

木―春―東―青―――木星
火―夏―南―赤（朱）―火星
土―土用―中央―黄―――土星
金―秋―西―白―――金星
水―冬―北―黒（玄）―水星

季節は四つしかないので、五行と対応させると、要素が一つ余ってしまう。そこで、春夏秋冬それぞれの季節の間に「土用《どよう》」という中間地帯を作り、ここを「土」に対応させた。

「土用の丑の日」「土用波」などという「土用」は、夏と秋の間の「土用」である。現在、一般にはこの土用しか使われていないが、暦の上では、春と夏、秋と冬、冬と春の間にも土用があるのだ。

肉眼で見える惑星はこの五つしかないから、五行説にはぴったりだ。赤い星・火星を火に宛て、白く明るい金星を金に宛てたところまではわかるが、そのほかの対応には特に深い意味はないと思われる。

そして、季節と色を組み合わせると、こんな言葉が出来上がる。

「青春」、「朱夏」、「白秋」、「玄冬」。

現在でもそれぞれ、季節を表す言葉として使われており、特に「青春」は人生の春という意味で大変よく使う。北原白秋の号も、ここから取ったものであろう。

また、天の東南西北の四方を司る神を「四神《しじん》」と言うが、これもそれぞれの方角に対応する色で呼ばれる。

青竜《せいりょう》（「せいりゅう」とも読む＝東）、朱雀《しゅじゃく》（「すざく」とも読む＝南）、白虎《びゃっこ》（西）、玄武《げんぶ》（北）という具合である。

朱雀門《すざくもん》は京都の宮城の南中央にあった大きな門だ。戊辰《ぼしん》戦争のとき会津藩が結成した

「白虎隊」や、黒っぽい火山岩の「玄武岩」も、四神によってつけられた名称である。

なお、五行と十干《じっかん》はもともと別のものだが、日本語の十干の呼び名は五行説によってつけられている。甲・乙は木に、丙・丁は火に、戊・己は土に、庚・辛は金に、壬・癸は水に宛てる。

それぞれの先の方（陽）を「え（兄）」、後の方（陰）を「と（弟）」として呼び名をつけているのだ。したがって、最初の「甲」は「木の兄」で「きのえ」、二番目の「乙」は「木の弟」で「きのと」と呼ぶのである。あとは順に「丙《ひのえ》」「丁《ひのと》」「戊《つちのえ》」「己《つちのと》」「庚《かのえ》」「辛《かのと》」「壬《みずのえ》」「癸《みずのと》」と呼ぶ（「かのえ」「かのと」は「かねのえ」「かねのと」の転）。

# 第四章　日本の漢字は素晴らしい

## 漢字が伝来した日

漢字が日本へ伝わったのは、約二千年前とも約千五百年前ともいわれている。それぞれに根拠もあって、どちらが正しいと一概には言えない。

まず、約二千年前というのはとにかく漢字というものが物理的に日本に入ってきた時期である。この時期の日本人は漢字が書かれているものを見ることはできただろうが、それを文字として意識することはなかったと思われる。

二千年前説の根拠になっているのは、天明四（一七八四）年に福岡市・志賀島《しかのしま》で発見された金印「漢委奴国王印《かんのわのなのこくおうのいん》」である。中国の歴史書『後漢書東夷伝』や『後漢書光武帝紀』には、紀元五七年、倭の奴国王が後漢に朝貢して光武帝より印綬を受ける、という内容が書かれているので、「漢委奴国王印」が光武帝から贈られたその金印であるとすれば、紀元五七年から数年の間に日本に漢字が入って来た、ということになる。

約千五百年前というのは、日本人が実際に漢字を使うようになった時期である。

これは、複数の古墳から出土した剣などの埋葬品に、漢字が彫られていることを根拠とする。五世紀中ころの稲荷台一号墳（千葉県市原市）から出た鉄剣には「王賜」の文字が彫られ、五世紀後半の稲荷山古墳（埼玉県行田市）から見つかった鉄剣には、表裏に百十五文字が記され剣を作ったいわれなどが書かれている。

## 「漢字より古い神代文字」の真偽

それでは、漢字が伝わるまで日本に文字はなかったのだろうか。

なかった、というのが現在の定説である。江戸時代には、

「日本には、漢字よりも古い神代《じんだい》（「かみよ」とも読む）文字というものがあり、これが使われていた」

という説が流布したことがあったが、神代文字は、五十音をいまのローマ字のように母音と子音の組み合わせで表記したものだったため、これが漢字より古く使われていたはずがない、と考えられている。

なぜなら、日本語は以前は五母音でなく八母音であったことがほぼ確実と言われてお

り、神代文字の構造はこれに対応していないからだ。

神代文字なるものは、捏造《ねつぞう》されたものだった疑いが極めて濃いのである。捏造したのがだれかは確定できないが、これをしきりに唱えたのは主に国学者たちで、国学的な立場からはやはり、漢字より古い日本の文字があったほうが「伝統」を誇示できる、という考えがあったと思われる。

ただ、現在でも神代文字を信じ、これを研究している人もいて、彼らの論拠になっているのは、『古事記』よりも古いことが神代文字で書かれているとされる『上記《ウエツフミ》』『秀真伝《ホツマツタエ》』などという文書である。

ともあれ、有史以降、明治時代まで、日本ではずっと漢字を使い漢文を用いて正式文書を残してきたのは確かである。九世紀にできた仮名は、十世紀の『土佐日記』、十一世紀の『源氏物語』などの仮名文学を通じて一気にポピュラーになっていったが、正式文書に仮名が使われるようになるには明治以降まで待たなければならない。

日本の歴史の表舞台には、常に漢字があったのである。

## 三種類の音読は日本だけ

漢字の訓読が日本の発明であり、これに対して音読は中国由来のものであることはすでに述べた。

しかし、一つの字の音読が何種類もあるのは、日本だけである。中国には、一つの字に対して一つの読み方しかないのが普通である。ここにも日本の漢字の独自性がある。

たとえば、「行」という字には「コウ・ギョウ・アン」と三種類の音読が存在している。行動や銀行なら「コウ（カウ）」、行状や修行なら「ギョウ（ギャウ）」、行脚《あんぎゃ》や行灯《あんどん》であれば「アン」と読み分ける。

「経」という字にも、経験の「ケイ」、読経《どきょう》の「キョウ（キャウ）」、看経《かんきん》の「キン」という具合に三通りの読み方がある。

このように、日本の漢字には複数の音読が並行して存在するわけだが、これは中国から入ってきた時代の違いによる。最初に入ってきたのは「呉音」と呼ばれる音で、「行」は「ギョウ」、経は「キョウ」という読み方だった。

ところが、奈良時代後期、遣唐使や留学僧たちによって、当時の最新の読み方だった唐の都・長安や洛陽《らくよう》の音にもとづく「漢音」が持ち込まれる。漢音では、「行」は「コウ」、経は「ケイ」である。

漢音は中国の北方の読み方で、呉音は南方の読み方と言われる。両者の最も大きな違いは、呉音の濁音が、漢音では清音になることだ。「行」の呉音「ギョウ」が、漢音では「コウ」となるように、である。

また、呉音にはあるマ行音、ナ行音が、漢音にはない（一部はあったという説もある）。それで、呉音のマ行音、ナ行音が、漢音ではバ行音、ダ行音になる、という違いもある。この場合には、逆に漢音の方に濁音が表れるのだ。

「万」という字で説明すると、一万の「マン」が呉音で、万歳の「バン」が漢音なのである。「万」の場合、数字の単位として使われるときは呉音の「マン」で読み、千客万来、万国博覧会、万里の長城のように「いっぱい」という意味で使われたら「バン」と読むのが原則になっている。

「万華鏡《まんげきょう》」のように、多いという意味なのに「マン」と読むケースは例外である。

平安時代中期から江戸時代にかけてはさらに、禅宗の僧侶を中心に「唐音」という読み方が取り入れられて、「行」を「アン」、「経」をキンと読む読み方が加わった。

このように、最初に伝わってきた読み方も、新しく入ってきた読み方も、並行して使いこなしてきたのが、日本語のスゴイところだと思う。

対照的に中国では、漢字の読み方は一定の時代、一定の地域には原則として一種類しかない。読み方は時代とともに移り変わっていき、古い読み方が保存されるということはない。

もちろん、日本でも、すべての漢字に三種類の読み方があるわけではない。漢音、呉音、唐音がすべて共通の漢字もあるのである。

理論的には、呉音と漢音については、すべての漢字に与えることができる。今回私たちが刊行した『新潮日本語漢字辞典』では、すべての親字に呉音と漢音を書き込んだので、ぜひ参考にしていただきたい。

**「四月」「四万」「四時」はなぜ読み分けるか**

「四月」と書いてあったら、だれでも「シガツ」と読むはずだ。けれども、「四万円」

なら「ヨンマンエン」で、「四時」なら「ヨジ」である。

「七」と「九」は、月や時刻を表すときは「シチ」「ク」と読むのに、金額を表すと途端に「ナナ」「キュウ」になる。

なぜ、このように四、七、九は読み分けるのだろうか。

実はこれ、呉音と漢音が並行して存在し、さらに日本流の読みである訓読が混ざっているためなのである。

基本的には、数字は呉音で読む、というのが日本語のルールだ。「イチ、ニ、サン、シ、ゴ、ロク、シチ、ハチ、ク、ジュウ」というのが呉音での読み方で、漢音で読むと「イツ、ジ、サン、シ、ゴ、リク、シツ、ハツ、キュウ、シュウ」となる。

これでおわかりのとおり、暦の月を読むときは、全面的に原則に従って、呉音で読まれているわけだ。

ところが、金額のときには、四、七、九が「ヨ・ヨン」「ナナ」「キュウ」に変わってしまう。「キュウ」は漢音で、「ヨ・ヨン」と「ナナ」は和語なのである。

四と九が特別扱いになった理由は、縁起かつぎと思われる。「シ」は死に通じ、「ク」

は苦に通じるとして、昔の日本人がこれを別の読み方で読みたがったのもうなずける話だ。今でも、病院に行くと四号室と九号室は欠番になっていることが多い。

　それで九は漢音を採用して「キュウ」と読んだ。しかし、四は漢音でも「シ」なので、和語の「ヨ」を持ってきたのである。四号、四回のように「ヨン」と読むのはその変化形だろう。

　とくに四は、助数詞がつく場合、原則にしたがって「シ」と読むのは、現在では非常に少なくなってしまっている。暦の月以外に「シ」と読むのは、「シカク」と読む「四角」の場合など、わずかしかない。

　しかし、幕末には「泰平の眠りをさます上喜撰《じょうきせん》（蒸気船）たった四《し》はいで夜も眠れず」という狂歌にもあるように「シ」がもっと広く使われていた。

　もう少しさかのぼると、たとえば「忠臣蔵」の四十七士《しじゅうしちし》は現代風に読めば「よんじゅうななし」になってしまう。

　そして、七が「ナナ」なのは、金額を扱うとき、「シチ」だと「イチ」と聞き間違うおそれがあってまぎらわしいからである。はっきり区別がつくように、漢音の「シツ」

よりも違いが明らかな和語の「ナナ」を使うようになったのだ。

株式市況や選挙速報で二という数字を「フタ」と特殊な読み方をしているのも、明確な区別をつけるためである。

## 「共産主義」は日本製の熟語

中国の新しい読み方を受け入れつつ、一方では中国では消えてしまった昔の読み方も残しながら、日本の漢字は日本の文化として育まれてきた。

さらに、前述のとおり、訓読という発明によって漢字一字一字の意味が明確にわかるという特長を生かして、自由自在に大量の新しい熟語を作り出してきた。

すると、これが中国に逆輸入されることになる。中国の『日本漢字和漢字詞研究』という本の巻末には日本語から借りた言葉が多数並べられている。

この本は簡体字で書かれているので、日本で使われる字体に直して、アトランダムに抜き出してみると——。

保健、保険、保障、保証、保釈。
背景、必要、便所、表情、表現。
博士、不動産、不景気、材料、倉庫。
財閥、財務、財政、簿記学、弁護士。
承認、抽象、出版、出席、初歩。
癌、処方、処刑、病理学、舶来品。
意味、意志、改善、根本的、宗教。
組合、取締、取消、高利貸。
自由、民主、科学、哲学、理想。
信用、人格、住所、社会、労働力。
政党、政策、支配、経済、固定資産。
人民、共和、共産主義。

へえ、この言葉もあの言葉もメイド・イン・ジャパンなのか、とビックリしたり感心したりで、あまりにも面白くて、まさしく枚挙にいとまがない。

それにしても皮肉なのは、かの国の国名を構成する熟語である「人民」も「共和」も、そして国家の政治体制である「共産主義」も、日本から逆輸入されたものである、という点だろう。

逆輸入語は、音読の熟語だけとは限らず、日本語そのものであるものも少なくない。「組合」「取締」「取消」といった訓読同士の熟語は、どう見ても日本語であり、中国では「組合」を「ソゴウ」（中国音読みは「ツーホー」に近い）という具合に音読して使っているのだ。「高利貸」はもちろん、日本語の「高利貸し」そのままの意味で音読して使っている。

日本の漢字は、日本語という豊かな文化に欠かせないのと同時に、現代では中国語の重要な一部になっているのだから素晴らしい。

### 米国と美国

アメリカ合衆国を日本では「米国」と表記するが、中国では「美国」とする。「American」のアクセントが「e」にあるため、語頭の「ア」が抜け落ちて「メリケン」となったところまでは同じだが、メリケンの「メ」に日本では「米」を当て、中国では「美」の字を当てたのである。

ドイツは、日本だと「独」で、中国では「徳」。

フランスは、「仏」と「法」。

日本式の表記が「露」のロシアは、中国では「俄」と表記され、これは「俄羅斯（オロシャ）」の略である。

イギリスの「英」と、イタリアの「伊」は、日中とも共通している。メキシコの「墨」も同じだ。

「墨西哥」と書いて「メキシコ」と読める日本人がいま果たしてどれだけいるかは疑問だが、漢字で書けば中国人には一発でわかる。

その代わり、口頭で「メキシコ！」といくら叫んでも、中国人には伝わらないはずだ。中国人はアルファベットをほとんど使わないからである。

中国人とのコミュニケーションには、漢字が一番効果的なのだ。

## 親の名を漢字で書けない韓国人

日本語のなかに字音語が占める割合は、五十〜六十パーセントと言われる。半分強、といったところだ。そして、それよりも字音語を多く使っているのは韓国で、韓国語に占める字音語の割合は六十〜七十パーセントである。

ところが、韓国では、漢字を訓読しなかったために、自国語と字音語を密接に関連させることができず、漢字は日常生活ではほとんど使われなくなってしまった。

日本語でいえば、すべてを平仮名で書いているようなものである。

漢字を正しく書けない人は非常に多いそうで、これを憂慮する向きも多い。

韓国の新聞『朝鮮日報』が一九九九年二月十一日付の紙面で報じたところによると、ある高校で三年生の一クラス五十人に両親の姓名を漢字で書いてもらったら、六十パーセントにあたる三十人が正しく書けなかった。また、新入社員教育に漢字能力評価試験を含めている某国営企業では、新入社員たちの平均点は百点満点で四十点程度に過ぎない。

〈「漢字文盲」このままではだめだ〉というタイトルと、〈ハングル世代社会的意思疎通に支障〉という小見出しを付けたこの記事は、「ハングル専用教育」を受けた世代が、社会生活の序盤から、漢字のために困難にぶつかる状況を憂慮している。

韓国では、一九七〇年に朴正煕《パクチョンヒ》政権が普通教育での漢字教育を全廃した。中国の遺産であり、日本植民地時代の遺産でもある漢字を追放し、ナショナリズムを高揚させる狙いである。

したがって、四十代を境目にして、それ以降の世代は漢字を使いこなすことができない。一九九八年に金大中大統領が「漢字復活宣言」を発表し、鉄道駅の漢字併記などを行なう一方、学校でも少しは漢字を教えるようになった。しかし、それは日本における漢文の授業のようなもので、日常生活に直結するものではなくなっている。

いま韓国の街にはほとんど漢字は見られない。たまに漢字を見つけると、それは中国人や日本人の観光客目当ての看板である。そこで、日本から持っていった地図が役に立たない、といった事態が発生する。日本のガイドブックに載っている地図は地名や店名が漢字で書かれているために、実際の街並と地図を対照することが困難なのである。

何がなんだかわからないという度合いでは、アラブ圏の国でアラビア語に包囲されているときの感覚と似ている。わかるのは数字だけで、それ以外のものはいっさい読むとができないという状態は、実に心細いものである。

中国や香港は、漢字が使われているから、その点、気が楽である。他のアジア諸国や欧米へ行っても、アルファベットがあるので、まったく読めないハングルよりはだいぶ頼りになる。

## 世界一多い姓は「李」さん

いま韓国の人々が間違いなく書ける漢字は、自分の名前くらいではないか、と韓国では自嘲気味に言われている。

ところが、漢字では書くことのできない名前を使っている人もいるのである。「民族名前」という、ハングルでしか書けないものがあるのだ。日本語で言えば平仮名でしか書けないのと同じである。

有名な例としては、元サッカー選手、車範根《チャボングン》の息子さん(やはりサッカー選手)の名、

「車ドゥリ」がある。「ドゥリ」という音はもちろんハングル表記になっている。

また、いまの韓国語では漢字が使えるのは字音語だけである。たとえば、「私は日本語を学んでいます」という文のうち、漢字で書けるのは「日本語」だけで、あとの部分はハングルで書くしかない。

だからこそ漢字がなくてもよくなってしまった、という面があるのだが、こうした特性を持つ韓国語では、「浩《ひろし》」とか「勤《つとむ》」といった「和語」でつけられた名前は漢字で書けないことになる。「浩平《こうへい》」や「勤造《きんぞう》」のような字音語だけの名前なら漢字で書ける。苗字も、「李《イ》」「金《キム》」「鄭《チョン》」という具合に、音読した漢字の苗字しか韓国には存在しない。

韓国の苗字は約二百五十種類しかない。日本には約三十万種類の苗字があると言われているので、日本の千分の一以下しかない計算だ。

中国の苗字四千百も、人口から考えればずいぶん少ないが、韓国も中国も、漢字に音読しかない上に一字姓がほとんどなので苗字が増えなかった、と考えられる。

韓国の人名用漢字表にある約三千字を眺めていると、金へんや木へん、さんずいの字が非常に多くてびっくりする。陰陽五行説によって名前をつけることが多いので、木火土金水の五元素が入っている字を名前に使いたがるのだ。

世界一多い姓は「李」さんだというが、それほど、この二つの国では、苗字が偏っているのである。

これに対して日本は、漢字に訓読を与えたおかげで、自然や文物から取った字を自由に組み合わせて、「鈴木」「山田」「川上」などというように、新しい苗字を好きなように作ることができた。

私たちの暮らしのなかで、三文判が役に立つのもそのおかげだ。韓国や中国のように、人口の何割もが同じ苗字であったら、三文判など無意味になってしまう。

日本の漢字はやはり、素晴らしい。

# 第五章　分解すれば漢字がわかる

## 中国語には文法があるのか

論語の有名な一節にこういうのがある。

『有朋自遠方来』

私は学校で「朋《とも》有り遠方より来たる」と教わった。ところが、『大漢和辞典』では「朋遠方より来たる有り」と読んでいる。

どちらも同じようだが、よく考えると微妙に意味が違うようである。前者は「朋友がついに訪ねてきた」、後者は「訪ねてきたのだから朋友である」という意味が感じられる。

しかし、どちらの読み方が正しいかはわからない。

漢文解釈はまったくのところ難しい。

中国語には活用がない。性も数も時制もなくて、文脈のなかであらゆる判断を強いられる。あるのは「語順」と、「不」「未」「以」「而」などの文法的な意味を表す「虚字」、この二種類だけですべてを表現するという軽業《かるわざ》のような言語なのである。「中国語には文法があるのかないのか」という議論まであるほどで、極端な言い方をすれば、漢字を並べてあるだけと見ることさえできる。

非常に古い時代、三千年も四千年も前の中国語は、孤立語（単語が常に一定の語形で表れ、格、数、人称、時制などを示すような語形変化が一切ない言語）ではなく、活用があったのではないか、という見方もあることはある。ともかく、中国語が漢字を用いるのに大変適した言語であることは確かだ。

## 送り仮名の効用

もし漢字を英語に取り入れようとしたら、これはかなり大変な作業になる。

「This is a pen.」というフレーズを考えてみればいい。まず、「is」はbe動詞で活用するわけだから、漢字だけではなく、何か補完するものを加えなければならない。数を表す「a」も「an」に変化するし、「pen」も複数なら「s」がつくので、これらの部分にも漢字を補う何かが必要である。

英語でこれだけ大変なのだから、さらに活用が激しいフランス語だラテン語だとなったら、漢字を使うのはとうてい無理だろう。

では、漢字は日本語にはなぜ適合したのか。

日本語も、英語や仏語と同様に活用のある言語である。だが、日本語の活用が英語や仏語と違うのは、性や数、時制などを表すのではなく、どちらかというと次に続く言葉の種類を表すためのものであるところだ。

加えて、このなかに送り仮名を加えることによって、漢字がうまく機能するようになった。漢字と仮名を併用することで、中心的な意味を表す部分と補助的な部分を分けることができたのである。

「新潮新書」を訓読すれば、「新しき潮の新しき書きもの」あるいは「新たなる潮の新たなる書きもの」である。このように、漢字を使えない部分に送り仮名やつながりを示す仮名を加えたわけだ。

漢字と仮名の併用は、分かち書きをしないで済むというメリットも生んだ。意味が変わるところはたいてい漢字で始まるために、日本語は読みやすい。もし漢字を使わずに日本語が仮名だけであったら、やはり欧米の言語のように分かち書きをしなくては読みづらくて仕方なかったはずだ。

中心的な意味を表す漢字と、漢字を補完してつながりを示す仮名。両者のコラボレーションは、お互いを生かし切る、実に見事なアイデアだったのである。

ただし、そのシステムが複雑であることは否めない。漢字の訓読ひとつを取っても、同じ「新」という字に、「あたら」しい、「あら」た、と違った読み方があり、それにともなって違う送り仮名がある。

記憶に対する負担が非常に大きいのだ。漢字廃止論者や、漢字の数を減らすべきだと主張する方々の考え方もわからないではない。

しかし、この複雑なシステムをひとたびマスターしてしまえば、こんなに便利な文字は世界中のどこを探しても、ちょっと見当たらない。

それに、漢字と平仮名のどちらが難しいか、といったら、少なくとも造形的には平仮名のほうなのである。

## 平仮名は世界で有数の難しい文字

考えてみれば不思議で仕方ない。

私たち日本人は、どうして「あ」や「ふ」や「む」といった難しい平仮名を書くことができるのか。

こんなにも微妙な曲線で構成されていて、これほどまでに不規則で何の関連性もない文字を、なぜ綿々と受け継いでくることができたのか。

諸外国の人々が平仮名をマスターしようとしたら大変な苦労をするだろうことは、容易に想像できるのである。

平仮名は、造形的には世界でも有数の難しい文字であるに違いない。

それが証拠に、平仮名のレタリングはプロのデザイナーにしかできないが、アルファベットや漢字をレタリングするのは、素人にもそう難しくない。

アルファベットは、縦線と横線、弧や円の組み合わせでほぼ出来上がっている。

一見複雑に見える漢字も、一つ一つの部品は単純だ。縦画と横画、左払いと右払い、そして点といった部品の組み合わせなのだ。

ごんべんならごんべん、さんずいならさんずいを覚えておけば、あとは足し算の世界で、どんどん字をマスターできる。書き取りの練習をすればするほど、新しい字を覚えることができる。

ところが平仮名は、「あ」という字を覚えたからといって、ほかの字を書くにあたっては何の役にも立たない。あくまでもひとつずつを微妙な曲線の複合体として覚えるしかないのである。

わが国ではずっとそうしてきた。一つ一つに何の脈絡もない、世界で有数の難しい平仮名を五十覚えることを子供たちに強いてきた（さらに明治後期以前には、多数の変体仮名まで覚える必要があった）。それなのに、「覚えるのが大変だから」という理由で、造形的には平仮名よりも簡単な漢字を廃止したりむやみに数を減らしたりしようというのは、筋が違うのではないかと私は思う。

平仮名の成立は、平安時代初期とされる。すでに伝わっていた漢字をもとにして、まず、本来の字義に関係なくその音訓の読みだけを日本語表記に利用する「万葉仮名」が作られた。その後、その万葉仮名の一部分を取って簡略化したカタカナが作られ、さらに万葉仮名を極端に草書化して平仮名ができた。

たとえば、カタカナの「ア」は「阿」のこざとへんの部分がもとになったものであり、平仮名の「あ」は「安」という字全体を草書化したものである。このようにもとになった字が異なる場合もあれば、「ウ」「う」のように同じ「宇」という文字をベースにした場合もある。

カタカナと平仮名があって、さまざまな使い分けができるのも、日本語の便利なところだろう。現在のカタカナの主な活躍舞台となっている外来語以外にも、強調したい部分にカタカナを使ったり、『新潮国語辞典』の見出し語のように字音をカタカナで、字訓を平仮名で表したりと、いろいろな細工ができる。

大文字や小文字を使い分けるくらいしかできないアルファベットや、使い分けのないハングルに比べて、日本語は漢字・平仮名・カタカナを併用することによって多彩な表現を可能としたのである。

## 「当店」って何の店?

1、2、3……の算用数字は、漢字の一、二、三と同様に、「一」「二」「三」という具合に棒が並んでいる状態を表したものだ。1は棒を縦にしただけだし、2は二本の横棒を、3は三本の横棒をつなげて書いたのである。

しかし、四以上はまた別の表し方になっている。欧米で使っている文字のなかで、もとの絵文字がそのまま表意的に使われているのは、数字の1、2、3だけと言っていいだろう。

漢字のほうは、あらゆる字が、大変古代的な絵文字性を色濃く残している。「山」や「川」「田」「雨」など、字面から容易に字義を推察できる場合が多く、意味性を排除してしまった無味乾燥な他の文字よりも、豊かな温もりを持っている。

漢字は半面、ただの絵や記号とは違う、文字らしいデザイン性にも富む。漢字の「木」と、木を表す地図記号の「♤」や「♤」とを比べてみるといい。イメージを喚起しやすいのと同時に、簡潔ななかにも品格を備えている「木」という文字の美しさは、いかにもただの記号というなりをした「♤」や「♤」とは明らかに違う。

だから、漢字には、人の感性に直接訴えかけてくる力があるのだ。

スポーツ新聞の大見出しに、たった一文字、「佑」と書いてあれば、「おっ、ワセダの斎藤佑樹投手がどんな活躍をしたんだろう」と気になって記事を読みたくなる。「藍」という大きな一文字を見れば、話題の女子選手がゴルフの宮里藍であって、卓球の福原愛ではないことが一目でわかる。

店を探すときも都合がいい。一杯やりたいときには「酒」、ガッツリ食いたいなと思ったら「肉」、軍資金を作りたい場合は「質」という文字を探せばいい。

ただし、東京・新大久保あたりでは要注意である。「質店」の看板が「當店」と書いてあったりする。「當」は「当」の旧字体であり、「当店だから何だ?」と意味不明の表示に悩むのだが、実はこれ、この界隈に多い中国人向けのものだ。

## 一文字のコミュニケーション

中国では質屋さんを意味する一文字は「當」なのだ。これが香港に行くと今度は「押」になる。マカオも「押」で、この都市にはそこらじゅうに「押」の文字が躍っている。マカオには世界的な観光名所であるカジノがあって、負けてアツくなった人が

「押」の店へ駆け込んでリベンジの軍資金を調達するのである。

　こうした質屋マークのような場合は、知っていないと何がなんだかわからないけれど、多くの場合は、同じ漢字圏の国では、漢字が一文字書いてあれば、そこが何なのかをダイレクトにイメージすることができる。

　一文字にたくさんの意味と情報が込められている漢字の強みである。

　香港のバスの車体には、乗車するところに「上」、下車するところには「落」の一文字が書かれている。

　台湾では「慢」という道路標識を見た。この一文字からまさか「慢心」や「傲慢」は想像しまい。「緩慢」や「慢性」のように、ゆっくりとしてなかなか進まない状態、つまり「徐行」を意味しているのである。

　日本でも昭和三十八（一九六三）年までは、「駐」の文字に斜線が引いてあれば「駐車禁止」、停に斜線なら「停車禁止」だった。記号化された現在の標識よりも、このほうがよほどインパクトが強いのではないか。

　現在、日本のほかに漢字を使っているのは、中国、台湾、香港、マカオ、シンガポールである。韓国も使うことは使うが、前述のように漢字文化は瀕死の状態である。北朝鮮とベトナムは過去には使っていたが、いまは廃止されている。

明治維新に大きな影響を与えた吉田松陰は、中国人と漢字で筆談して話が通じたと言われるが、残念なことに、いまではそれぞれの国が別々の略字を使っているために、共通性が薄れている。

日本人が中国へ行って、日本の漢字を書いて見せても、簡体字が普及している中国では理解してもらえないことも少なくない。

しかし、理解してもらう方法はある。漢字圏の国へ行ったら、訓読する言葉を避けて、字音語を書いてみせることだ。字音語は基本的に共通する言葉だからである。字音語の熟語を書いて見せれば、だいたいの意思は伝わるのである。

具体的には「申込」ではなく「申請」と書き、「取り替え」ではなく「交換」と書くのである。

私は初めて台湾へ行ったとき、この方法でだいたいのコミュニケーションをとることができた。

## 部首の見つけ方

漢字は、象形文字、指事文字、会意文字、形声文字の四種類から成り立っていると言われる。

象形文字は、「山、川、日、月」などのように、事物をかたどって作られた文字。指事文字は、「一、二、三、上、下」などのように、抽象的な概念を表した文字である。少々話がややこしくなるのだが、『説文解字』を編んだ許慎は、この二種類を「文」と呼び、会意文字と形声文字の二種類を「字」と呼んでいる。

あらゆる漢字の基本を成しているのは「文」であって、そこから派生してできたものが「字」だというのである。山、日、一、上など単体だった「文」を、さまざまな形で組み合わせ合体させて、会意文字や形声文字が作られた、というわけだ。

たとえば、「信」という字は、人間が神に向かって言葉によって誓うということから、「人」と「言」を組み合わせて作られた。「解」は、牛の角を刀で切り取るところを表わして「角」と「刀」と「牛」を組み合わせてできた。このような字を会意文字という。

そして、さらに形声文字が発明されてから、爆発的に漢字の数が増えることになる。現在使われている漢字の八割以上が形声文字に属するほどなのである。

形声文字というのは、音の部分である「音符」と、意味の部分である「意符」を組み合わせて作られた字のことだ。「板、坂、版」の場合でいえば、すべて「ハン」と音読することからわかるように、「反《はん》」という共通の音符に、それぞれ「木」「土」「片」という意符をくっつけて作った字なのである。

「功」という字なら、「コウ」と読むから、「工」が音符であることがわかる。すると、残った「力」が意符だ。すでに述べた通り、形声文字では、原則として意符のほうが部首になっているので、部首を探すときはこれを見分ければよい。

「想」は「ソウ」と読むので、音符が「相」で、意符つまり部首が「心」。

「賞」は音符が「ショウ（尚）」なので、意符イコール部首は「貝」である。

「幕」なら「バク」と読み、音符は「莫」、意符と部首は「巾」ということになる。

こうした原則さえ覚えておけば、部首がわからず漢和辞典が引けない、という事態には陥らないで済む。

## 「島、嶋、嶌」は同じ字

では、「裹」という字の部首は？

この字を音読すると「リ」で、「里」の部分を読んでいることがわかる。ということはこれが音符で、残りの部分「亠」と「𧘇」が意符だ。

ここで注意が必要なのは、「亠」と「𧘇」が実は一つの字であるということ。両方合わせれば「衣」となり、これが部首になる。

つまり、「裹」という字は、「衣」という字の真ん中に「里」という字をサンドイッチしてできた文字なのだ。

さて、「うら」を意味し「リ」と読む字はもう一つある。「秘密裡」と書くときなどに使う「裡」である。この字も、「裹」とまったく同じように、「衣」と「里」が合体してできている。ただし「裡」のほうは「衣」をへんに「里」をつくりに持ってきた。合体のさせ方が違うだけで、「裹」と「裡」はもともと、まったく同じ字なのである。

このように、形声文字の音符と意符の位置関係を動かしてできた字を、「動用字」と呼ぶ。「峰」と「峯」もそうだし、鳥の鵞鳥《がちょう》の「鵞」と「鵝」、快闊の「闊」と「濶」などもそうだ。

もっと複雑な例を挙げると、複雑の「雑」と「襍」なんていうのもある。「雑」の旧字体は、左上の「九」の部分が「衣」の「雜」で、「衣」と「木」と「隹（ふるとり）」の組み合わせでできている。これを並べ替えれば確かに「襍」が同じであることがわかるだろう。

漢字は元来、どの部分を左に書こうが右に書こうが、上に書こうが下に書こうが、かまわなかった。それがたまたま、多くの人が何となくバランスがよいと感じる位置関係に落ち着いただけなので、それとは違う位置関係に置いてもそれなりに収まる字であれば、動用字として残る可能性がどの字にもあったのである。

「隣」なども一般的にはこう書くが、書店の「横浜有鄰堂」のように左右逆の「鄰」もないことはない。

一番種類がたくさんあるのが「島」という字だろう。この字は元来、「山」と「鳥」の組み合わさった文字で、「鳥」の下の部分が省略されそこに「山」が入って「島」という字になった。

だから、「山」と「鳥」の組み合わせであれば、長嶋茂雄さんの「嶋」もアリだし、ジャーナリスト・嶌信彦さんの「嶌」もアリだ。なかには上が「鳥」で下が「山」というのだってある。

**音符にも意味がある**

音符は音を表し、意符は意味を表す、とここまで何度も書いてきた。

しかし、音符にも意味はある、という説があって、これを「右文説《ゆうぶんせつ》（「うぶんせつ」とも読む）」と言う。

「青」という字で説明しよう。この字は「セイ」と音読し、「澄み切った」という意味を持つ。そこで、「青」を使った文字を探してみると、「清、晴、精、請、静」などがあり、これらはすべて「セイ」と読むので「青」が音符なのだが、「青」は同時に「澄み切った」という意味も表している。

「清」は「水が澄み切った」という意味であり、「晴」は「空が澄み切った」状態だ。

「精」は「精米」という言葉で使われるように、ぬかを取って白い米にする、というのがもともとの字義である。「要請」のように使う「請」は、澄み切った心で請い願うことであり、「鎮静」の「静」は争いごとを収めて澄み切った状態にする、という意味だろう。

「同」という字を持つ「筒、洞、胴、桐、銅」も右文説で説明できる。これらの文字の共通点は、「トウ」あるいは「ドウ」と読み、「中に穴が開いている」状態を意味していることだ。竹に穴が開いたのが「筒」で、水場の近辺に開いている穴が「洞」。空洞になっている身体の中央部分が「胴」である。そして、「桐」は軟らかくて穴を開けるなど加工をしやすい木材であり、「銅」も金属の中で最も加工しやすい。

若干苦しい部分もあるが、ともかく、音符にも意味はある、というケースがあるのだ、ということは知っておきたい。

**貝は「虫」、金は「貝」**

形声文字は、意符、つまり部首を見れば、その字の意味がおおよそわかる。根、枝、桜、梅、植など、木へんの字を見れば「これは木と関係がある字だな」とわかるように。

ところが、ときどき納得のいかない字と出会う。たとえば部首が「虫」の字である。「蚊、蠅、蟻、蟬、蛍」などは確かに昆虫だから問題ないし、「蜘蛛《くも》」「蛞蝓《なめくじ》」「蜈蚣《むかで》」などは正確には昆虫ではなく小さな動物であるが、感覚としてはまあ微妙にわからなくもない。

けれども、「蛇」「蛙《かえる》」「蝙蝠《こうもり》」「蝟《はりねずみ》」となると、これはもうどう見ても虫ではなかろう。また、「蝦《えび》」「蟹《かに》」「蛸《たこ》」といった水中の動物や、「蛤《はまぐり》」「蜊《あさり》」「蜆《しじみ》」「牡蠣《かき》」「栄螺《さざえ》」などの貝類が虫という字で表されているのもうなずけない話だ。

なぜこんなことになったのか、というと、古代中国人の概念では多くの生物が「虫」というグループでくくられていたからだろう。現代とはグルーピングが違ったのだ。

グルーピングの違いは、「貝」を部首とする字にも見て取れる。「買、財、貨、資、貯」といった具合に、金銭や商売に関する文字ばかりである。古代には貝殻が貨幣として用いられていたためだ。ハマグリもアサリもシジミもカキもサザエも、生きている貝はみんな〝虫〟だけれど、それらを貝殻として使用する段になると貨幣になったというわけである。

ところで、蜃気楼《しんきろう》の「蜃」や「虹」にも「虫」が入っているのはどういうわけか。これは、蜃気楼や虹のような不思議な自然現象は、虫、つまり何だかよくわからない生物の出したものだ、という当時の考え方によっている。蜃気楼は、大きなハマグリが吐き出したもの、とされていたそうだ。

### 基本要素は八百

漢字の基本要素はおよそ八百あると言われている。あらゆる漢字は、この約八百の要素の組み合わせからできているのだ。

私のような記憶力の弱い者でも多くの漢字を覚えてこられたのは、これらの要素だけ覚えていれば、あとはその組み合わせでいけるからである。

逆に、ある字を分解してみれば、意味がわかる要素を見つけることができるので、どんなに難しい字にも手がかりがあり、好奇心を刺激してくれる。数式や外国語のように「まったくわからないので興味がわかない」という戦意喪失状態にならないのが、漢字のいいところである。

親鸞《しんらん》の「鸞」という字などは画数が三十画もあり、一見、非常に難しい字に見えるが、分解すれば何のことはない、「糸」「言」「鳥」という小学生でも知っている三種類の字が合体しているだけだ。

キャンプでのお楽しみ行事「飯盒炊爨《はんごうすいさん》」の「爨」は二十八画で、この言葉くらいでしか見かけないこともあって、とても覚える気になれないだろう。しかし、落ち着いて分解すると、「𦥯」「林」「大」「火」という四つの要素の組み合わせに過ぎない。「𦥯」の上の部分が、「興」よりも一画少ない特殊な字であるために、きわめて面倒くさい字という印象につながっている面もあるかもしれない。

工具のノミは漢字で書けば「鑿」で、「鑿岩《さくがん》機」などと使う。この字はなかなか読めないし書けないと思うのだが、これだってわかりにくい左上の部分を覚えてしまえばどうということはない。左上の部分は、「臼」という字の上に「業」という字の上の部分が食い込んでいるだけである。

このように、一見突拍子がないように思える字でも、分解してみると単純な要素の組み合わせであることがわかってもらえると思う。

なかには、字というよりも記号か暗号のように見え、分解作業が大変やりやすい「糶」のような字もある。「糶」の訓読は「せる」で、オークションの競ると同意だ。「隹」「羽」「出」「米」の四つの要素がかっちり分かれて並んでいるものだから、かなり奇妙に見える字だが、決して難しくも覚えにくくもない。

「糶」は「うりよね」とも読み、こう読むと「米を売り出すこと」という意味になる。そして、驚くべきことに、「糶」の左上部分が「出」でなく「入」に変わった「糴」という字もあり、これは「かいよね」と読んで「米を買い入れること」という意味を表している。

「糶」も「糴」も中国で作られた文字で、音読では「糶」は「チョウ」、「糴」は「テキ」である。

## 土地が変われば字も変わる

「人の話に相槌《あいづち》を打つ」の「相槌」は「相鎚」と書いてもよい。「槌」は木でできているもので、「鎚」は金属で作られたものだ。材料が変わり、それに合わせて字が変わった、きわめてわかりやすい例と言える。

お椀の「椀」も同様である。木製なら「椀」だし、磁器の茶碗は「碗」、金属のカナマリだと「鋺」になる。

神奈川県川崎市の「崎」、埼玉県の「埼」、島根県日御碕《ひのみさき》の「碕」のように、場所によって「サキ」が山だったり土だったり石だったりに変わる例もある。

ちょっと変わったものも紹介すると、「犭（けものへん）」と「豸（むじなへん）」というのもある。むじなへんは「豹《ヒョウ》」などで使われているが、意味はけものへんと同じで、けものへんと置き換えてもいい字というのがいくつもある。

「猪」や「獏」のけものへんは、むじなへんに変換可能なのである。作家の夢枕獏、俳優の大和田獏は「獏」を使い、詩人の山之口貘は「貘」を使っている。

# 第六章　常用漢字の秘密

## 四つの常用漢字表

第六章と第七章では、常用漢字、人名用漢字、ＪＩＳ漢字といった、日本の漢字政策についてとりあげる。ちょっととっつきにくいかも知れないが、日本語の漢字のことを考える上で避けて通れない大事なことなのだ。

私たちは『新潮日本語漢字辞典』に一万五千余りの親字を収録したが、これはいま日本で実際に使われている漢字のほとんどすべてをカバーした数字であって、普通の人が日常生活の中でよく使う、あるいはよく目にする漢字の数はぐっと少なくなる。二千字も知っていれば十分だろう。

昭和五十六（一九八一）年内閣告示の「常用漢字表」に掲載された漢字は千九百四十五字である。常用漢字表とは、「前書き」の表現によれば、「法令、公用文書、新聞、雑誌、放送など、一般の社会生活において、現代の国語を書き表す場合の漢字使用の目安を示すものである」。

常用漢字表に強制力はなく、あくまでも「目安」に過ぎない、ということにはなっているが、つまりは、漢字の数が多いと覚えるのも大変だし、いろいろと効率が悪いから、最低限必要な漢字を指定して、それ以外の漢字はなるべく使わないように、という〝漢字制限〟である。

昭和五十六年に公布された常用漢字表は第四番目のものだ。これ以前に三度、常用漢字が指定されてきた経緯がある。

最初は大正十二（一九二三）年。千九百六十二字とその略字百五十四字を、文部省臨時国語調査会が指定した。これを修正して千八百五十八字とした第二の常用漢字表ができたのは昭和六（一九三一）年だった。

そして三度目は、敗戦直後の昭和二十一（一九四六）年四月。臨時国語調査会の後を受けた国語審議会が、千二百九十五字と大幅に字数を減らした新常用漢字表をいったん決定するが、これは日の目を見ずに消え、わずか半年後の同年十一月、字数を千八百五十字と増やした「当用漢字表」が発表された。

この当用漢字の中から、さらに八百八十一字を選び出し、「義務教育の期間に、読み書きともにできるように指導すべき漢字」として昭和二十三（一九四八）年に制定されたのが「当用漢字別表」で、私たちはこの基準に基づいて学校で漢字を習ってきたわけだ。

小学校六年間で覚えるべき範囲とされたこの漢字は「教育漢字」と呼ばれ、何度かの改定を重ねて現在では千六字となっているが、そのおおもとになったのが敗戦直後の「当用漢字表」であることには変わりない。

当用漢字表は、私たち日本人の「漢字力」を左右してきた重要なものなのである。

しかし、当用漢字表とは、読んで字のごとく、当座用立てるための漢字表だったはずである。それが「当座」どころか、昭和五十六年の「常用漢字表」発表まで三十五年間にもわたって改定されずにいたのはなぜなのか。

そもそも、そんなものを作って漢字の使用を事実上制限することは、果たして妥当なのかどうか。

## 目的は教育と産業の効率化

その肖像が一円切手に今も使われている前島密は〝郵便の父〟として知られるが、一方では、漢字廃止論者でもあった。

前島は、明治維新直前の慶応二（西暦では翌年の一八六七）年に建白した「漢字御廃止之議」の中で、欧米に対抗する国力を築くには国民教育の充実が急務であり、そのためには漢字を廃止して仮名文字を使用したほうが効率的である、と主張している。

文明開化、富国強兵、欧米列強に追いつき追い越せ。世界に目を開いた日本からは、西洋文化がまぶしく見えた。真っ先に目が行くのは、文化の基本である文字だった。西洋の文字、アルファベットは、大文字小文字を合わせてもたった五十二字しかない。翻って漢字は、五千も一万も使い分けなければならず、非効率的であることははなはだしい。

国民教育においても、殖産興業においても、である。特に活版印刷が一般化した明治中期になると、印刷物を作るには活版印刷で、活字を一文字一文字拾っては版を組み、印刷が終わるとその活字を活字ケースに保存して使い回していた。英語で版を組むのに比べたら、活字ケースは何十倍もの大きさが必要だし、植字工の熟練にも大変な時間がかかる。

こうした思考によって、漢字を廃止あるいは制限して仮名を使おう、あるいはさらに極端にはローマ字表記にしてしまおう、とする主張は、前島の建白書以来、現在に至るまで、常に一部に存在しているのだ。

そしてもちろん一方には、便利で趣《おもむき》深い漢字を捨てるなんてとんでもない、制限も簡略化もする必要はない、伝統的に正しい漢字をずっと使い続けるべきだという主張も常にあって、両者の綱引きの中を揺れ動き、時代の波に洗われながら、「常用漢字」はさまよい続けてきた、と言っていい。

苦難の歴史を象徴するように、最初の常用漢字表は、実施が予定されていたちょうど当日の大正十二年九月一日、関東大震災に遭って、すべておじゃんになってしまった。まったく実用に移されることなく、うやむやになってしまったのである。

そこで、若干の修正を加えて、昭和六年に第二の常用漢字表が作られたのだが、これもあまり実用されることはなかった。新聞や書簡といった社会の実際では、これに縛られることなく、従来どおりに漢字が使われ続けていた。

実はこの後、昭和十七（一九四二）年に、文部省は「標準漢字表」というものを作って、二千五百二十八字と選定字数を大幅に増やしている。世の中の実際を追認し、また軍部や国粋主義者の発言力が強まった時代に合わせて、皇室典範、大日本帝国憲法、天皇の追号、軍人勅諭などに出てくる難しい漢字七十四字を「特別漢字」にも定めた。

しかし、そのように譲歩しても、「漢字を制限するなど、日本の国体に対する冒瀆《ぼうとく》である」という時代の声に対してはまったく効力を持たず、これも実用には至らなかった。

## マッカーサーの〝漢字廃止令〟

日本国民が本気で「漢字制限」に向き合う気になったのは、外圧が加わってからである。昭和二十（一九四五）年に日本が敗戦すると、米国は占領政策の一環として、漢字や仮名を全廃させ、日本人にローマ字を使わせようと考えた。昭和二十一年三月の「アメリカ教育使節団報告書」にははっきりとそう書いてある。

その第一段階として、マッカーサー司令部は、漢字の使用を大幅に制限するように文部省に指示した。これに従って、国語審議会は十七回もの審議を重ね、大幅に字数を減らした千二百九十五字の漢字表を作成した。

これが第三の常用漢字表であるが、またもや、失敗に終わっている。反対意見が続出し、あろうことか最終的な審議会総会の場で否決されてしまったのだ。

特に、新聞社の代表からは、

「これでは実際問題として使える漢字が少なすぎて、とても紙面が作れない」

と強硬な反対があり、必死の抵抗があった。

この総会を前にした昭和二十一年四月四日付の朝日新聞では、マッカーサー司令部の意図により千二百九十五字にまで圧縮された『新体制常用漢字答申案』は本月下旬の総会で決定される、という内容の記事を載せているが、その中には「国語ローマ字化、仮名化問題が論議の一中心となっている今日」などという表現もあり、大幅な漢字制限への深刻な危機感がうかがえる。

しかし、それにしても、審議会の総会で、最終答申案が否決されるなどということは通常考えられない。

ともかく、文部省がこの混乱をしたたかに利用したのは確かだろうと思う。というのも、第三の常用漢字表が幻に終わった半年後には早くも、これに代わる千八百五十字の

「当用漢字表」を発表したうえ、昭和二十四年四月には「当用漢字字体表」を制定。大正時代に最初の常用漢字表を作成して以来の〝悲願〟を、実質上果たしてしまったからである。

## 文部省の悲願

文部省の長年の悲願とは、次の三点だった。

漢字を制限すること。

略字を使用すること。

筆記体を認めること。

当用漢字表では、このすべてが実現している。

実効力もあった。戦前と違って、漢字文化消滅のリアルな危機感が社会にはあったし、占領下であるのを逆手に取って、強制力のある「内閣告示」としたために、漢字制限と簡略化が一気に定着したのである。

占領国の圧力と国民の抵抗、その両方をうまく利用して、どちらにも有無を言わせず、文部省は長年やりたくてできずにいたことを果たしたのである。

さて、それでは、悲願の「略字の使用」とはどういうことだったか。

それはたとえば、「與」を「与」というふうに簡略化する作業だった。そのほうが読みやすいし覚えやすい。また活版印刷では、同じ活字を何度でも使い回すので、画数が多い複雑な字は細かいところがだんだんつぶれて読みにくくなる、という切実な問題があった。画数の少ない略字を使うようにすれば、そういう問題も解消するだろう、というわけだ。

もう一つの悲願「筆記体」とは、活字と手書き文字とが異なって使われている漢字を、手書きの楷書体に統一しようというものである。

戦前には「半」「平」「浮」のような漢字の活字は、「半」は「半」、「平」は「平」、「浮」は「浮」となっていた。『康熙字典』を手本に活字を彫ったためだ。

ところが、手書きの楷書では、現在使われているのと同じように「半」「平」「浮」と書いていたし、看板の文字や、明治の半ばまではたくさん出版されていた木版刷りの書物などでも多くはこのように書かれていた。

これを実際に使われている書体、つまり筆記体に統一したい、というのは当然のことだったろう。

## 当用漢字表で消えた文字

もっとも、文部省は、国語の教科書に載せる活字についてはそれ以前からずっと、筆記体と同じ文部省書体を使っていた。

明治三十七(一九〇四)年に小学校用教科書が国定制度になった当初は、全頁を毛筆の手書きで作っていたからもちろん筆記体だったが、昭和十(一九三五)年に、文部省活字を作ってこれによって国語の教科書を印刷するようになったのである。

その結果、一般の活字と教科書の活字の字体が違う、という状態が続いていて、当用漢字表で筆記体を認めることは、一般の活字を文部省活字と同じスタイルに統一させる、という意味を持っていた。

ところで、当用漢字表に指定された漢字の数は、昭和六年の第二の常用漢字表とほぼ同じ千八百五十字である。しかし、内容的にはけっこう違いがあって、百五十字くらいの入れ替えがあった。

たとえば、戦前の表にはあった「鍋」「釜」など、身の回り品を表す文字や、動植物名が、当用漢字表からは消えている。「猫」「蛙」などの動物、「鳩」「鶴」などの鳥類、「杉」「柿」などの植物を表す漢字が、当用漢字にはほとんど入っていないのだ。

その代わりに増えたのは、「酪」「喚」「糾」「暁」「弧」などだった。何を意図して増やしたのか、どうもよくわからない字ばかりだ。

## 表音派 vs. 表意派

さて、当用漢字表で悲願を果たした文部省だが、これはやはり「当座に用立てる」ためのものである。これを「常に用いる」第四の常用漢字表へと昇格させるタイミングは当然狙っていたはずだ。

それがなぜ三十五年も後でなければならなかったのか。

そこには、国語審議会の内部での意見対立が見え隠れする。漢字の数をできるだけ減らして、使用する漢字もなるべく簡略化したいと考える「表音派」と呼ばれる勢力と、数の制限などは最低限にとどめるべきであるし、漢字は正字を使うのが本当だと考える「表意派」と呼ばれる勢力の対立である。正字というのは正統とされる字体のことで、『康熙字典』以来、漢字字典で伝統的に「正字」と認められてきた文字のことである。

当用漢字を作ったときは、マッカーサーの錦の御旗を手に、表音派の主導で作業が進められたのだが、表音派はこれで満足していたわけではない。一方の表意派も、焼け跡が復興し、高度経済成長が始まろうという時代の流れに従って勢いを増していき、当用漢字の改定を望んでいた。

文部大臣が「当用漢字表の見直し」にGOサインを出したのは昭和三十九（一九六四）年。それから第四の常用漢字表を決定するのに、なんと十七年もかかったのである。

そして昭和五十六年にようやく出来上がった第四の常用漢字表は、結局のところ、当用漢字に九十五字を加えただけの千九百四十五字であり、そう変わりばえしなかった。これが現在も使われているわけだが、戦前からずっとある表音派 vs. 表意派の綱引きの均衡点が、ちょうどこのあたりだということなのかもしれない。

しかし、綱引きが終わったわけではない。第五の常用漢字表を作成すべく、見直しの作業がすでに始まっているのだ。

平成十七（二〇〇五）年三月、文部科学大臣より諮問があり、同九月から文化審議会が討議を開始し、二〇〇九年から二〇一〇年をめどに答申することを目指している。平成二十（二〇〇八）年一月には、府県名に使用する「阪」「熊」「奈」「岡」「鹿」「梨」「阜」「埼」「茨」「栃」「媛」の十一字を常用漢字に加える案を承認した、という記事が新聞紙面をにぎわした。これがそのまま本決まりになれば、次の常用漢字から「大阪」や「岡山」が表内字になることになる。しかし、都道府県庁所在地の字は認められないので、「札幌」と「那覇」は相変わらず常用漢字で書くことができない。文化審議会は、行政改革で消滅した国語審議会の後を受けた審議会である。

### 漢字制限の無意味化

今回の見直しの目的は、「ＯＡ時代への対応」とされている。
ＯＡ時代に対応する漢字のあり方とはいかなるものか。
結論から言うと、電子化の急速な進展によって、漢字制限はあまり意味のないものになっている。

なぜならば、パソコンが普及したおかげで、キーボードに読みを打ち込みさえすれば、手書きではなかなか書けないような難しい漢字でも出てくるようになったからである。また、手書き検索機能を使えば、読み方のわからない難しい漢字も読めるようになった。

手書きでは簡単な字さえ書けなくなっている代わりに、パソコンが難しい漢字を読み書きしてくれるようになったのである。

もちろん印刷も、電子化によって自由度が飛躍的に増し、技術的には難しい漢字でも問題なく使用できるようになっている。だから、漢字を制限したり簡略化したりすることに、以前ほどの意味がなくなっているのだ。

皮肉なものである。政府が常用漢字表あるいは当用漢字表を作ってきたのは、漢字を制限し簡略化することが民主的であり、進歩にもつながる、との考え方に従っている。ところが、当用漢字表で文部省の悲願が実現してから六十年余が経った今になってみると、方向はまったく逆転し、漢字を制限も簡略化もしないことこそが自由を尊重し、進歩的であるようになってしまった。

たとえば、小学生がインターネットの2ちゃんねるなどに「サーバーがダウンする」という意味で「鯖《サバ》が落ちる」と平気で書く時代である。「サーバー」と「サバ」のダジャレだが、常用漢字表にはない「鯖」という字を使えること自体は、決して悪いことではないだろう。

だいたい、ネットという私的で自由奔放なメディアがここまで肥大化している今、制限されようがされまいが、だれも遠慮などしない。現実に何不自由なく、漢字という文化を楽しんで縦横無尽に使いこなしている現状の前では、大義名分さえ立たないお上の漢字制限など、効力を持つわけがないではないか。

では、新聞はどうか。ネットとの対比で浮かび上がってくるのは、なぜ新聞は、常用漢字表をこれほどかたくなに遵守《じゅんしゅ》しているのか、という疑問である。「急きょ」などという表記を見るたびにそんな疑問を感じざるを得ない。急きょの「遽」が常用漢字でないからといって、本来そんなものに縛られなくてもいいのである。

しかし、実は、活版印刷の時代には、当用漢字表や常用漢字表は、新聞社にとって、非常にありがたいものだったのだ。前述したように、活版印刷では活字を一つ一つ拾って版を組んでいくので、使う漢字の数が少なくなればそれだけ手間暇が省けるし、実際に拾う活字を並べておく文選台のスペースが少なくて済む。

常用漢字表の遵守は、新聞社自らの合理化と直結していた、というわけである。

印刷が電子化された今では、少なくとも効率上は常用漢字表を遵守するメリットはなくなってしまった。事実、最近では「拉致」など表外漢字を使うケースも増えてきている。以前だったら「ら致」だったのである。

新聞社が、常用漢字表を気にしなくなる日も近いのではないだろうか。

なにしろ、日本人はやはり、漢字が好きなのだと思う。いくら米軍が指示しても、漢字を廃止することなどできなかった。漢字を使わない新聞や雑誌など、だれも読みはしないだろう。実際に、戦前にも戦後にも、カタカナだけで書いた本や新聞が作られたことがあるが、いっこうに普及しなかった。

そういえば、文部省が明治三十三（一九〇〇）年から明治四十一（一九〇八）年まで、「棒引き仮名遣い」というのを採用して、教科書に「こーえんにいきました（公園に行きました）」などと書いていた時代があったが、轟々《ごうごう》たる非難を浴びてなくなった。日本人は伝統にウルサイのである。

### 「歩」が「步」になった理由

ここでちょっと話を戻して、当用漢字表の制定にあたって、問題点がなかったかどうか考えてみよう。

もちろんあるのである。

当用漢字表を作ったとき、漢字の簡略化が行なわれたことはすでに述べたが、納得のいかないものも少なくない。

代表的な例として、「歩」という字が挙げられよう。この字は、戦前の活字では、一画少ない「步」だった。それを、簡略化を謳いながら、わざわざ画数を増やして「歩」にしたのである。「少」という部分は「步」「涉」「捗」「賓」「濱」「歲」などの字にしか使わない。これは効率が悪い。下の部分を「少」と同じにしたほうが覚えやすいのではないか、という考え方による。

しかし、字源を考えると、「歩」は「步」でなくてはおかしい。上の「止」は左足、下の「少」は右足の足跡を表しているのであり、「少」とは何の関係もないからだ。

このような字源を無視した、あまりにもご都合主義の〝簡略化〟が果たして本当に必要だったのか。小学生が「歩」を覚えるのと「歩」を覚えるのとで、それほど難易度に差があるとも思えない。

## 意図せぬ新字体の誕生

「犬」という字が「大」に変えられたのも解《げ》せない。いや、「犬」そのものと「伏」はそのままにしたのだが、そのほかの「犬」を部分に持つ字は、すべて「犬」を「大」に変えてしまった。「臭」が「臭」、「突」が「突」、「器」が「器」、という具合である。

「犬」の部分が「大」になって一画減ったから簡単になっただろう、というわけだ。

しかし、たとえば「臭」という字は、鼻を表す「自」と「犬」が組み合わさった会意文字で、犬が臭いをかぐことを表している。「突」も「器」も字義からいえば「犬」が正しいのである。

それを考えれば、一画ぐらい多くても「大」より「犬」のままのほうがむしろ覚えやすいのではないか。

「㔾（ふしづくり）」を「己」に変えた理由もわからない。「卷」を「巻」、「圈」を「圏」に変えたので「巻」は部首が変わってしまった。「㔾」は二画で「己」は三画と、画数もわざわざ増やしたことになる。

さらにわからないのは、同じ「㔾」がある字でも、「危」「範」などはそのままだったことである。なぜ「己」に変える字とそのままの字があるのか、まったく不思議である。「巳」も「己」に変えた。「包」「抱」「砲」「港」「選」「遷」などの字は、すべて「巳」の部分を「己」に変えて新字体にした。

最初から「己」だったとされている「記」「紀」「忌」「妃」「配」「起」などの字にしてもそうだが、「巳、已、己」の三つの字は、昔からほとんど区別されない状態で使われていた字なのである。

それを、何を根拠にして「己」に統一したのだろう。

理解に苦しむ新字体はまだまだ山のようにある。本当にきりがないので、このくらいにしておこう。

　こうした確信犯的なケースに加えて、文部省の意図しないところで微妙に変わってしまった字もある。

「八」という字と、この字を部分に持つ「公」という字がそうだ。戦前の活字はすべて、筆押さえ（左の図参照）がついた「八」「公」であったのだが、次頁の図版を見ていただければわかるように、この筆押さえが取れてしまった。「当用漢字字体表」は漢字の骨格を示すためにペンと定規を使って手書きで作成したものだ。だから筆押さえを省いたのであり、明朝体活字の筆押さえを取り去る意図はなかったと文部省は説明している。「交」という字も同様である。それまで活字には必ずあった筆押さえの部分がなくなってしまった。

○の部分が筆押さえ

　そういう意図しないところでの字体の変化は、ほかにも随所にある。そして、この手書きの当用漢字字体表が官報に載ってしまったものだから、「八」「公」「交」が新しい字体なのだ、と受け取られ、世の中の活字は大部分がこちらに変わってしまったのである。

〔一〕一丁七丈三上下不且世丘丙

〔丨〕中〔丶〕丸丹主〔丿〕久乏乗〔乙〕乙九乳乾乱

〔亅〕了事〔二〕二互五井亜〔亠〕亡交享京〔人〕人

仁今介仕他付代令以仰仲件

任企伏伐休伯伴伸伺似但位

低住佐何仏(佛)作佳使来(來)例侍供

依侮侯侵便係促俊俗保信修

俳俵併倉個倍倒候借倣値倫

仮偉偏停健側偶傍傑備催伝(傳)

債傷傾働像僚偽僧価(價)儀億倹

儒償優〔儿〕元兄充兆先光克免児(兒)

〔入〕入内全両〔八〕八公六共兵具典兼

〔冂〕冊再冒〔冖〕冗冠〔冫〕冬冷准凍凝〔几〕凡〔凵〕凶

出〔刀〕刀刃分切刈刊刑列初判別

利到制刷券刺刻則削前剖剛

当用漢字字体表（一部）

当用漢字字体表の作成にあたって、なぜ文字の骨格を示すことにこだわったのだろうか。明朝体活字で印刷すれば、こんな混乱は招かずに済んだ。

この筆押さえの有無については、昭和五十六年に常用漢字表を発表したときに、ようやく「あってもいいし、なくてもいい」ということが明確に示された。

常用漢字表の前書きの末尾に「明朝体のデザインについて」という項目を設けて、筆押さえの有無をはじめとする微細な相違はデザインの違いに属する事柄であり、字体の違いではない、と解説したのである。

そこには「芝」「更」「八」「公」「雲」といった字の、筆押さえのある場合とない場合が例示されていて、それを見るとはっきり感じるのだが、筆押さえはあったほうがしっくりくる。

しかし、筆押さえなどないほうがすっきりする、と感じる人もいるらしく、平成十七（二〇〇五）年に学研が面白い辞典を出した。昭和五十三（一九七八）年に発行した『学研漢和大字典』の新版『学研新漢和大字典』がそれだ。

この辞典では、表外字に至るまで、筆押さえという筆押さえをすべて取り払っている。

特に興味深いのが「之」「乏」「芝」である。旧版では「之」「乏」「芝」と普通の明朝体のデザインになっていたものを「之」「乏」「芝」と、常用漢字表に例示されていた筆押さえのない例よりもさらに進めた、全く新しいデザインとしたのである。

従来、こんなデザインの活字は、世の中にはまったくなかったので、書家の先生に頼んで新たに作ったのだそうだ。見慣れないせいか、どうも落ちつかない形に見えるのだが、その情熱たるや大変なものだと感じる。

しかし、考えてみれば、こうしたユニークな活字ができたのも、元はといえば、当用漢字字体表を手書きにしたための、意図せぬ波紋なのである。

## 「吉田茂」が「吉田茂」になった

当用漢字にまつわるこぼれ話。

当用漢字表が内閣告示されたのは昭和二十一年十一月十六日で、これを報じた官報号外には「内閣総理大臣吉田茂」と印刷されている。

ところが、昭和二十四年四月二十八日に当用漢字字体表を内閣告示したとき、その署名は「吉田茂」に変わっていた。

ご本人の指示によるものか周辺の仕業かはわからない。すでに記したように「吉」と「吉」はまったく同じ字であり、「吉」のほうが古くから使われていたのだから、堂々と「吉田茂」のままでいればいいと思うのだが、首相たる者、その影響力を考えればそうもいかなかったのだろう。

当用漢字表に入っているのは「吉」のほうなのに、これを告示する首相自らが漢字表にはない「吉」を使っていたのでは、確かに説得力がない。

第七十九代首相の細川護熙《もりひろ》は、名前を変えずに済んだ。彼が首相になる三年前の平成二（一九九〇）年、人名用漢字として新たに百十八字が加えられたのだが、この中に「熙」が入っていたからである。「熙」という字には「熈」というバリエーションもあり、もし後者が人名用漢字に採用されていたら、以降、元首相の署名は「細川護熈」になっていたかもしれない。

いわゆる漢字オタクの間では、「戦前の筆記体は現在の新字と同じだった」という説がまことしやかに語られているが、そんなことはない。そういうケースもあるが、すべてがそうだったというわけではないのだ。

「青」という字は、戦前の活字では「靑」だった。文部省活字でも下が「円」の「靑」となっており、学校でもそう教えていたことがわかる。

また現在は「ネ」になっている「示へん」は、戦前の活字でも文部省活字でも「示」になっていた。作家の村松友視氏が使用している「視」は、今の字では「視」なのである。

「青」と「靑」、「視」と「視」、本来はどちらが正しいということは言えない。『書道大字典』（角川書店）で「示へん」の字の楷書体を見ていくと、はっきりと「ネ」になっている字もあれば、はっきりと「示」になっている字もあり、最も多いのはどちらともつかない字だ。手書きの文字であるから、揺れがある。

どちらともつかないけれど、とりあえず、文部省が当用漢字の新字体にどちらかを選んだ、というだけのことであって、「戦前の筆記体は今の新字と同じだった」という説にはかなり無理があると思う。

## 中国の過激な簡略化

日本が当用漢字を定め、一部の漢字を簡略化した数年後の一九五二年、中国は「文字改革研究委員会」を設置し、五五年には「漢字簡化法案」をまとめた。これが、漢字を大幅に簡略化してしまう「簡体字」へのスタートである。

タイミング的に見て、当然、日本の簡略化を参考にしたはずである。しかし、もちろん中国は、そんなことを認めてはいない。

日本のようなやり方では甘っちょろい、とでも思ったのだろうか、それはきわめて大胆な簡略化だった。なにしろ、「廣（広）」という字を「广（まだれ）」に、「廠《しょう》」という字は「厂（がんだれ）」に略してしまったのである。「廠」は「厰」とも書く。おそらく、まだれの中では「廣」が、がんだれの中では「厰（廠）」が、中国では最も頻繁に使用される字なのだろう。「廠」は「工廠」と書けば工場のことである。

簡略化があまりにも過激であったために、まぎらわしくて区別がつかない字も出てきた。「ごんべん」を「讠」に変えた結果、「話」という字は「话」となって、「活」との区別がつきにくい。「児」の略字として作った「儿」が、「幾」の略字である「几」と似ていてまぎらわしい。

さらに、われわれ日本人が一番困るのは、形声文字の音を表す部分を取り替えてしまった点である。「遠」という字は、「しんにゅう」と「元」で「远」になった。中国では「袁」と「元」が同音なのでこのように置き換えたのだが、日本では音が違うこの二つの字をとうてい同一と感じることができない。

日本では別の字として使っている字に変えてしまった、というケースも困る。「機」の簡体字が「机」になった、というようなケースだ。「机場」が「飛行場」のことだなんて、想像もつかないではないか。

当初は中国でもかなり混乱があったようだが、年数を経て、簡体字が定着するに従って、混乱が収まった代わりに、今度は自国の古い字体である「繁体字」をカッコイイと評価する風潮が出てきた。まるで外国人が新鮮なカルチャーショックを感じるように、である。

香港や台湾ではいまだに繁体字が使われており、その影響もあったと思われる。一時、街の看板などに繁体字が使われ始めた時期があり、当局は、文化を乱す行為であるとして厳しく取り締まった。

中国としては、識字率を高めることが必要であり、そのためには漢字の簡略化が必要であった。

そこで、一九七七年には「第二次簡化法案」を出し、「宣」は「うかんむり」に「一」を書いた「宀」、「酒」を「さんずい」に「九」と書く「氿」というように、さらに極端な簡略化を打ち出し、新聞などでは実際にこれらの略字が使われたが、さすがにだいぶ評判が悪く、国家の統制が厳しいこの国としては珍しいことに、一九八六年に廃案になっている。

## 「着」と「著」は同じ字

そういうわけで、中国へ行くと、戸惑う漢字も少なくはない。

しかし、よく使われる字はだいたい、日本の漢字とそれほど大きくは違わないので、一週間もいれば慣れる程度の違和感である。

「辺」が「边」、「単」が「单」という具合に微妙な違いはあっても、それほど苦労せずに読めるしおおよその意味もわかるのである。

簡体字とはいえ、本家・中国の漢字を見て、あらためて気づくことも多い。醸造の「醸」は中国の簡体字では「酉」に「良」で「酿」と書くのだが、この字からわかることは、「娘」と「孃」は同じ字である、ということだ。

戦前に刊行された漢和辞典である『字源』の「孃」の項を見ると果たして、「娘に同じ」としか書いていない。

普通は「娘」は「むすめ」と読み、「孃」は「お孃さん」の「ジョウ」に使っている。しかし、どちらの字も少女を意味し、音読すれば「ジョウ」である。日本では「娘」は普通、音読しないが、女子だけで組織した軍隊「娘子軍《じょうしぐん》」や、細胞分裂してできた細胞「娘細胞《じょうさいぼう》」など、音読する熟語もあるにはあるのだ。

もともと同じ字を、訓読専門の「娘」と音読専門の「孃」、というふうにいつの間にか分けて使うようになっただけである。

このような例はほかにもけっこうある。「着」と「著」などは、今では日本でも中国でも完全に違う字のような扱われ方をしているが、同じ字である。手書きでは「くさかんむり」を「⺍」と書くことがあり、その下の部分の「者」に一本棒が増えて、「著」が「着」になったのだ。

そして、そのうちに、「著」の音訓のうち「チャク」という音と、「つく・きる」にだけ「着」を使うことが固定し、当用漢字表や常用漢字表にも二つの字はまったくの別物として採用されたのである。

「着」の字は、『康熙字典』などの伝統的な漢字字典には載っていない。正字好きで有名だった作家の内田百閒《うちだひゃっけん》も、「到着した」とは書かずに「到著した」と書いている。

## 「准」と「附」はなぜ常用漢字なのか

症状の「症」も、もとは「證」の俗字だった。今の日本で「證」は、「××證券」のように証券会社の名前くらいでしか見かけないが、この字は証拠の「証」の旧字体である。

つまり、もともとは病気の証拠という意味で「證」を使っていたのであって、漢方医などは今でも症状が出ることを「證が出る」と言う。それが「証」になり、さらにいつの間にか「ごんべん」が「やまいだれ」に変わって「症」という字になった。そして医学関係ではすべて「症」を使うようになったので、当用漢字、常用漢字に選ばれた、という経緯なのである。

また、准看護師の「准」は、準優勝の「準」の俗字である。どちらも「ジュン」と読み、「それに準ずるもの」という意味だ。中国では簡略化の際、新字体として「准」のほうを採用し、「準」は使うのをやめた。

しかし、日本では、両方の字とも常用漢字に入っている。なぜそうなったかというと、日本国憲法の条文に「天皇の国事行為として批准書及び法律の定めるその他の外交文書を認証すること」という文言が出てくるためだ。当用漢字表には、日本国憲法に出てくる字はすべて入れたので、これを引き継いだ常用漢字表にも、批准の「准」が入っているのである。

付属品の「付」と附属高校の「附」。違いがよくわからないこの二字がともに当用漢字表に選ばれたのも、「附」が憲法に出てくる字だからだ。

「付」と「附」がどう違うのかはどの字典を見ても書かれていない。

三省堂『三省堂国語辞典』の編者である見坊豪紀《ひでとし》氏は、第三版（一九八二年）のあとがきに「『付』と『附』との関係については、両者を対等の関係とは考えなかった。社会の慣用も考え、『付』は一般表記、『附』は法律関係の表記と考えて処理した」と書いている。

たしかにそうとでも考えるよりほかなかろう。

一方では、「座」と「坐」のように、そっくりな意味の字のうち片方しか常用漢字に入っていない例もある。「坐」のほうは常用漢字ではなく、この字の意味はすべて、「座」に代表されてしまっている。

本来、「座」は「すわる位置」という意味で、「座席」や「歌舞伎座」というように名詞として使い、「坐」は「すわる」行為を表し「坐禅（すわって行う禅修行）」「正坐（正式にすわる）」というふうに動詞の意味で用いると考えられる。

僧侶で作家の玄侑宗久《げんゆうそうきゅう》氏は、「座禅」などと書こうものなら怒るそうだ。怒る人もいるくらい、微妙でも確かな違いがあるこのようなケースを無視して一つの字に統一したのに、「准」と「附」だけは別字扱いというのはどうしても腑に落ちない。過不足なく厳密に字を選ぶことはやはり難しいのだと思う。

## 実体が消えても当用漢字は残る

「准」と「附」のほかにも、日本国憲法に用いられているという理由で当用漢字と常用漢字に選定された漢字はほかにもあって、これらは「憲法漢字」と呼ばれている。三省堂の『漢字小百科辞典』(原田種成編)によれば、憲法漢字は「箇、拷、遵、准、奴、附、隷、錬、虞、且、堪、但、又」の十三字とされている。

しかし、日本国憲法を見ていくと、「この字も実は憲法のおかげで当用漢字に選ばれたのではないか」と怪しまれる字が、ほかにもあるのである。

たとえば、「嚇《かく》」などという字は「威嚇」くらいにしか使われないし、「劾《がい》」という字も「弾劾裁判」のほかに用途を思いつかない。「御名御璽」の「璽《じ》」に至っては、「天子の使う判子」という意味しかない字であり、「常に用いる漢字」とはとうてい言えないのではないか。

その字が表す実体がすでになくなっているにもかかわらず、常用漢字に字だけは残っているケースも不思議だ。

「朕《ちん》」という字は、憲法の公布文に「朕は、日本国の総意に基づいて…（中略）…ここにこれを公布せしめる」と書いてあるために当用漢字に入ったようなのだが、天皇が人間宣言して以降は使われていない言葉である。現在使われるのは、ルイ十四世（一六三八～一七一五）の言ったという「朕は国家なり」だけなのだが、これだって原文はフランス語である。

「公爵」「伯爵」などに使う「爵」だって、華族制度が廃止されたのに、字だけは残った。当用漢字ができた時点ではまだ貴族院があり、華族もたくさんいたからだ。新憲法に署名した当時の閣僚の一人、幣原《しではら》喜重郎は男爵で、ちゃんと「男爵」と署名している。

「逓信省」の「逓」も、逓信省はなくなったけれど、いまだに常用漢字である。

ひとたび選ばれた字は、時代が変わり、実体がなくなっても、依然として残っている。常用漢字の見直しが行なわれるときには、「この字は要らないのではないか」といくつかの字は話題に挙がるのだが、決まってそのままになってしまうのである。現に、昭和五十六年の常用漢字表制定のときも、直前の昭和五十四年三月の中間答申までは「虞」「朕」「嚇」などの十九字は削除される予定だったのが、五十六年の三月の最終答申では復活している。

その代表例が「虞《おそれ》」で、いくら法律の条文によく使われているからといって、一般にはまったく使われないこの字がなぜ常用漢字なのか、理解できない。別に無理して一文字で「虞」と書かなくても、「恐れ」と書けばいいだけのことではないか。夏目漱石の『虞美人草』を「ぐびじんそう」と読めるかどうかは、「虞」が常用漢字であろうとなかろうと関係がない。「グ」はもともと表外音訓なのだから。

日本国憲法が公布されたのは、昭和二十一年十一月三日だった。当用漢字表が決議されたのは、そのたった二日後の十一月五日である。新憲法がきちんと読めるようにと、条文に出てくる字をすべて当用漢字にフォローした、その手回しのよさだけには素直に感服しよう。

## 「沖縄」と「新潟」だけは特別扱い

憲法漢字とはまったく逆に、使用頻度が大変高く、誰もが読み書きできるポピュラーな漢字なのに常用漢字ではない、というケースも多数あって、これがまた頷《うなず》けない。

誰もがの「誰《だれ》」がそうである。「俺《おれ》」もそうだ。このように、主に代名詞として使われている字は当用漢字に入っていない、という傾向がある。

「私」という字は、「わたくし」以外にも「私鉄」や「私淑」など、いろいろ使われるから当用漢字に入ったのだが、「誰」を使った熟語となると「誰何」くらいしかない。「誰何」を「すいか」と読み、「だれかと問いただすこと」という意味だとわかる人はそれほど多くないはずだ。

「俺」も「おれ」以外には見かけない字である。「エン」という音読があることもほとんど知られていないのではないか。

これら訓でしか使われない漢字は、当用漢字にあまり入れたくなかったようなのだ。そういう字は平仮名で書けばいい、という考え方である。

「この頃」の「頃」も、「ケイ」という音ではまず使われないので、当用漢字に入っていない。

昭和三十年代に、国立国語研究所が新聞や雑誌でどういう字が実際に使われているのか調査したことがある。その結果、当用漢字ではないのに頻繁に使用されていたのは、上記のような代名詞のほか、地名や人名を表す固有名詞であることがわかった。

当用漢字表の「まえがき」には、「固有名詞については、法規上その他に関係するところが大きいので、別に考えることとした」と書いてあるが、結局放置されたままで今日に至っているのである。

その結果、大阪府の「阪」も、神奈川県の「奈」も、鹿児島県の「鹿」も、熊本県の「熊」も、信じられないことに現在でも常用漢字ではない。都道府県名でも県庁所在地でも、常用漢字表にはない字がごろごろとあるのだ。前に記したように、新しい常用漢字表には都道府県名につかう漢字は入る予定だというが、本決まりになるのはまだまだ先のことだろう。

そのなかで、当用漢字表からはもれたのに、常用漢字を選ぶときに晴れて漢字表入りしたのが新潟県の「潟」と沖縄県の「縄」であった。

「縄」という字は「自縄自縛」のようにほかの用途もある。しかし、「潟」はどうだろう。「阪」や「奈」や「鹿」や「熊」を差し置いて常用漢字入りするほど、これらの字と差があるのかどうか。

なぜ新潟の「潟」が特別に選ばれたのかを考えるとき、新潟と聞いて反射的に思い浮かべてしまうのはやはり、第六十四・六十五代首相、田中角栄の影響力である。常用漢字表が決まった一九八一年当時、彼の力はまだ政界を支配していた。

ロッキード疑惑により七四年に首相を退陣、七六年には逮捕されたが、保釈されて迎えた同年の総選挙も、七九年、八〇年の総選挙もトップ当選を果たし、三木武夫、福田赳夫、大平正芳、鈴木善幸とバトンが受け継がれる自民党政権のキングメーカーとして君臨していた時代である。

「干潟《ひがた》」「潟湖《せきこ》」といった馴染みの薄い熟語でしか使われない「潟」が常用漢字に選ばれたのは、政治力学によるものだったのだろうか。

## 動植物名は漢字で書けない

「鹿」も「熊」も「虎」も「狐」も「狸」も常用漢字ではない。動物で常用漢字に入っているのは、家畜類をのぞけば「犬」「猫」「象」くらいなのだ。「猫」は当用漢字には入っていなかったのだが、「犬があってなぜ猫がないのだ」とかなり話題になり、そのためか常用漢字には入れられた。「象」が入っているのは、「印象」など違う読み方で熟語に使われるからである。

ただし、動物でも「馬」「牛」「豚」「羊」「鶏」といった家畜類は常用漢字の一員である。まあそれはいいだろう。しかし、「蚕《かいこ》」「繭《まゆ》」がいまだに常用漢字なのはどうか。当用漢字表を作ったときは養蚕業がまだまだ盛んだったので選んだのであろうこの二文字が、今でも常用漢字としてふさわしいのかどうか。

魚へんの字では、当時蛋白《たんぱく》源として重要であった「鯨」くらいしか入っていない。「鯛《たい》」も「鮪《まぐろ》」も「鮭《さけ》」も「鯖」も、すべてカタカナで書けというのである。

植物に目を移すと、常用漢字入りしているのは、「菊」「桜」のほかは「松」「竹」「梅」「桃」「杉」「芝」くらいしかない。この字を漢字で書けると女性を口説けるといわれた「檸檬《レモン》」や「薔薇《ばら》」などはもってのほかで、「檜《ひのき》」も「柿《かき》」もないのである。

さすがに「米」「麦」「豆」「芋」などの穀類は常用漢字だ。ただ難癖をつけるなら、

「芋」という字を一つに統一したために、イモは全部芋になってしまった。戦前は、「薯《いも》」と書けば「馬鈴薯《ばれいしょ》（ジャガイモ）」を指し、「藷《いも》」であれば「甘藷《かんしょ》（サツマイモ）」だった。「芋」は「里芋」だけだったのである。

常用漢字表の改定を目指して現在議論が行なわれている文化審議会では、「固有名詞に関しては、従来どおり、常用漢字表には入れない」ということだけは決まったようなので、上記のようなポピュラーな漢字は、相変わらず常用漢字でないままになりそうな情勢である。

納得のいかない話だ。

# 第七章　人名用漢字の不思議

## 団塊世代は名前が少ない

日本ペンクラブ前会長の井上ひさしは、「井上廈《ひさし》」という難しい字の本名を持っている。直木賞作家・木々高太郎の本名は「林髞《たかし》」だ。井上は昭和九（一九三四）年生まれ、木々は明治三十（一八九七）年生まれ。戦前は「廈」だろうが「髞」だろうが、まったく見たことのないような字でも名前に使用してかまわなかった。

人名にどの字を使ってはいけない、という決まりがなかったのである。お坊さんに頼んでつけてもらったお経から取った難しい字であろうと、漢学の先生がつけてくれた読めない字であろうと、そのまま役所へ持って行けばすべて受理された。

ただ、歴代の天皇や皇后と同じ名などは、別の名前に変えさせられる、ということはあったようだ。

状況が一変するのは、戦後になって、現行の戸籍法が制定されてからである。昭和二十三（一九四八）年一月一日に施行されたこの法律には、「子の名には、常用平易な文字を用いなければならない」と書いてあり、「常用平易な文字」とは「当用漢字表に掲げる漢字」と「片かな又は平がな」とあった。

これによって、当用漢字表に入っていない漢字は、人名に使用できなくなった。「浩」であるとか「也」あるいは「之」といった、名前に非常によく使われていた字もすべて、昭和二十三年一月一日以降に生まれた子どもの名前には使えなくなってしまったのである。

こんな横暴な話はない。当用漢字表というのは、その「まえがき」に「固有名詞については別に考える」と書いてあるとおり、固有名詞のために作られたものではないのだから、人名に使うのがふさわしい字を探してもそうたくさんあるわけではない。

折りしも、団塊の世代が生まれたベビーブームの真っただ中である。せっかく子どもが生まれても、これでは満足に名前もつけられやしないではないか——という批判は非常に強く、三年後の昭和二十六（一九五一）年、内閣は「人名用漢字別表」を制定し、常用漢字ではないが人名に使用できる漢字を指定した。

指定されたのは「浩」「也」「之」など九十二字であった。

したがって、昭和二十三年からの三年間に生まれた子どもたち、つまり団塊の世代の名前は、当用漢字の中からしか字を選ぶことができず、選択肢が大変狭かったことになる。「浩之」も「裕也」もダメだったし、「奈々」もダメだった。

## 悪魔ちゃん命名事件

この最初の人名用漢字、九十二字というのはかなり少ないし、また選ばれた字も、いまの基準から見ると不思議なものが少なくない。森雪之丞の「丞《じょう》」や、飯田蝶子の「蝶」、それから魚の「鯛《たい》」などという字は、いま子どもたちの名前に使う親はほとんどいないだろう。

車寅次郎の「寅」や、島崎藤村著『破戒』の主人公・丑松の「丑」も人名用漢字になった。十二支ではこのほか、「卯・辰・巳・酉・亥」の五字が選ばれていて、すでに常用漢字に入っていた「子・午・未・申」と合わせると、「戌《いぬ》」以外はすべて、名前に使えることになったわけだ。イヌも「犬」という字なら常用漢字に入っており、仮に「犬吉」という名をつけたければ、法律上は可能なのである。親には命名権があり、原則としてこれを自由に行使できる。

ただし、常用漢字や人名用漢字に入っている字を組み合わせても、「親権（命名権）の濫用に当たるような場合や、社会通念上明らかに名として不適当と見られるとき、一般の常識から著しく逸脱しているとき、または、名の持つ本来の機能を著しく損なうような場合」には、役所は審査権を発動し、名前の受理を拒否することができる。

平成五（一九九三）年に起きた〝悪魔ちゃん命名事件〟がそのケースだった。東京都の夫婦が男児の名を「悪魔」と届け出て受理されず、裁判に発展した騒動である。結局、夫婦は訴訟を取り下げ、音が似ている「亜駆《あく》」の名を届出、役所もこれを受理したのだが、「亜駆」を分解して並べ替えれば「亜《あ》・区《く》・馬《ま》」になり、この親の執念がうかがえる。

こうした特殊な例を除けば、一般の日本の親たちは法律上可能だからといって妙な字を使うほど、無責任ではない。ほとんどの命名は常識的な範囲に収まっていて、おかしな名前をつけることは実際には稀であろう。

## 人名用漢字は十倍に増えた

最初の人名用漢字表ができてから二十五年の間、当用漢字プラス人名用漢字九十二字、という範囲は変わらなかった。

ところが、昭和五十一（一九七六）年、人名用漢字に二十八字を追加して以降、続々と人名用漢字は増えていく。昭和五十六（一九八一）年には五十四字、平成二（一九九〇）年には百十八字が追加された。さらに平成九（一九九七）年に一字、平成十六（二〇〇四）年二月に一字、同年六月一字、同年七月に三字を定め、そして同年九月、一挙に四百八十八字を指定して、現在、人名用漢字は九百八十三字にも膨らんだ。

九十二字だった時代に比べて十倍以上にもなり、子どもの名前をつけるには大変自由な状況であるが、新たな人名用漢字を巡って新たな不思議もまた生まれたのである。

その話をする前に、二〇〇四年、四百八十八字の指定に先立ってなぜ一字、一字、三字という小刻みな追加が行なわれたのか、説明しておこう。

これは、九七年の一字追加に端を発したもので、訴訟の影響である。

九七年に認められた字は、琉球の「琉」だった。この字を子どもの名前に使おうとして戸籍係に却下された人が訴訟を起こした。そして、このことが当時の国会である議員の質問に取り上げられたところ、時の法務大臣が「確かにこの字が人名用漢字に入っていないのは不思議だ。入れてもよいのではないか」と答弁してしまった。

法務大臣が国会で「ＯＫ」と言ったのだから、裁判でも訴えた側が勝つ。こうして、「琉」という字が人名用漢字に指定されると、次々と同様の動きが起こった。「琉」は認められたのに、どうしてこの字は使ってはいけないのか、というわけである。

そして二〇〇四年二月に増えた一字は「曽」で、これが最高裁まで争われたため、最高裁判所での判例となった。同年六月は「獅」、同年七月が「毘」「駕」「瀧」。日本の司法というのは、いったん判例ができてしまうと、これを覆すには相当の理由がなければならず、訴えた親御さんの勝訴が続き、これらの字はすべて、人名用漢字に加えられたのである。

## 「菊地凛子」はなぜ「凜」ではないのか

さて、新たな人名用漢字の不思議に話題を移そう。

二〇〇四年の四百八十八字という大幅な追加は、敗訴が続いた法務省が「これはかなわん。常用平易な字はみんな人名用漢字に入れておけばよかろう」というので行なった措置だった。

しかも、同年六月に出された見直し案に追加された字は五百七十八字とさらに字数が多かったのである。しかし、試案に追認された字を見て、国民はみんなあっと驚いた。その中には「糞」とか「癌」「屑」「妖」「弛」などという、いったいどこのだれがこんな字を子どもの名に使うものか、という字が混じっていたのである。

抗議の声が殺到して、結局、こういった人名にふさわしくないと考えられる八十八字が削除され、さらに一足先の七月に人名用漢字になった「毘」「駕」「瀧」を除き、読売新聞の記事で話題になった「掬」を追加して四百八十八字の増加に落ちついたのだ。

それにしても、どういうわけでこのようなばかばかしい字の選び方をしたのだろうか。「人の価値観はさまざまである。まして現在は、日本民族以外の民族も日本国籍を持ち、子どもの名前をつけるのだから、違う民族の違う価値観もあるだろう。したがって、人名用漢字を選ぶにあたっては、人名に適切かどうかの判断をあえてしなかった」

というのが当局の言い分である。

詭弁《きべん》以外の何物でもない。「人名に適切かどうかの判断」をしないで、なぜ「人名用漢字」を決めることができるのか。五一年、七六年、八一年、九〇年の人名用漢字は、人名に使いやすく人名としてふさわしい字をきちんと選んでいたのである。

それが二〇〇四年の際は、戸籍法の「常用平易な字」という文言だけを頼りとして、「常用漢字表に入っていない常用平易な字」をほとんど全部ぶち込んでしまった。JIS（日本工業規格）漢字コード表を参考として、この表の第一水準にある字を吟味もしないで人名用漢字として選定したのである。

JIS漢字とは、日本工業規格で定めた漢字コードの規格である。第一水準だけで二千九百六十五字もあるから常用漢字表や人名用漢字表に入っていなくてもよく使われる字は入っている。だから、「常用平易な字」を選ぶには都合がよかったのだ。

さらに問題なのは、新字体風の字と旧字体風の字を両方認めたために、一つの字について二つの字形がある、というケースが出てきてしまった点である。

たとえば逍遙《しょうよう》の「遙」という字は、「遥」というふうに簡略化されて人名用漢字に入っていた。だが、「はるか」という名をつけるにあたっては、「遥」ではあまり格好よくなくて、どうしても「遙」のほうを使いたい、という人も多かったのだろう。

それで今回の人名用漢字には「遙」が加わった。「遥」もそのまま残したので、同じ字で字形が二つあるという変則的な事態が生じている。

きりっと引き締まった凛々しさを表す「凜」という字もそうだ。これまで人名用漢字に入っていたのは「凜」だけだったのが、その俗字である「凛」も今回の改定で選ばれたために、同じ字が二つになった。

二〇〇六年度のアカデミー賞で最優秀助演女優賞にノミネートされて話題になった菊地凛子は、新たに認められたほうの「凛」を使っている。彼女が本名と同じ芸名「菊地百合子」を改名して「菊地凛子」になったのは〇四年五月というから、同年九月に人名用漢字が発表される前で、まだ「凛」は人名用漢字として認められていない。

芸名には、常用漢字にも人名用漢字にも入っていない字を使っても別に問題はない。しかし、なぜわざわざ、正字であり人名用漢字である「凜」でなく、「凛」のほうを使ったのだろう。

これは推測だが、ＪＩＳ漢字に合わせたのではないか。「凜」という字の場合、ＪＩＳ漢字では、人名用漢字表とは逆に、もともと入っていたのは俗字の「凛」のほうであり、一九九〇年の人名用漢字改定に対応して正字の「凜」を追加している。だから、菊地凛子は、改名するときにワープロやパソコンで打てたほうの「凛」にしたのではないだろうか。

いずれにしても、「凜」と「凛」、小さい活字で印刷してあったら区別がつかないほど微妙に違う字形を両方認めた今回の改定は、不思議といえば不思議である。

## 「亞希子」はいいけど「實」はダメ

ここからは、少々ややこしい話になる。

まず、人名用漢字の「許容字体」について説明しなければならない。「亜」に対する「亞」、「円」に対する「圓」、「応」に対する「應」などが、そう呼ばれてきた字である。新字体のほうは常用漢字に入っていて、その旧字体を特に人名用漢字として許容してきた。「奥」の旧字体である「奧」も、「横」の旧字体である「橫」も、人名用漢字の許容字体である。

なぜ許容したかというと、話は当用漢字表にさかのぼる。当用漢字を決めたとき、「実」や「恵」など一部の字は最初から新字体が選ばれたが、「奥」や「横」は、いったん旧字体で当用漢字として選ばれ、三年後に当用漢字字体表を作ったとき、新字体に変わった字である。そのため、旧字体のほうは時とともに姿を消していったのである。

当用漢字表に従って、旧字体を用いて「亞希子」とか「圓藏」という名をつけた人がいたであろう。それがたった三年後に、もうその字は当用漢字字体表で新字体に変わったので認められません、というのでは「亞希子さん」や「圓藏さん」の立つ瀬がない。

そこで、経過措置として、旧字体を人名用漢字で「許容字体」として認めたのである。

ここからがさらにややこしい。当用漢字表の時点ですでに新字体に変わっていた字の場合は、上記のような経過措置を必要としないので、旧字体を人名に使うことが認められなかったのだ。たとえば、「実」という字は、当用漢字表に新字体が採用されており、「實」という旧字体は、戦前ならともかく、戦後の戸籍法改定以降は一貫して人名に使えなかったことになる。「恵」の旧字「惠」もそうだし、「礼」の旧字「禮」、「栄」の旧字「榮」、「学」の旧字「學」、「豊」の旧字「豐」などもそうである。

つまり、旧字体から新字体へいつ切り替えられたか、そのタイミングによって、「亞」や「圓」のように名前に使うことを許容されていた旧字もあれば、「實」や「惠」のように使用が認められない旧字もあったのである。

今回の人名用漢字の大幅な追加では、こういった矛盾を解消すべく、「亞」「圓」などの許容字体を正式な人名用漢字として認めたものの、たとえば「奥」の常用漢字は「奧」で人名用漢字は「奧」、という具合にややこしいことには変わりない。

また、「實」「惠」「禮」「榮」など許容字体に指定されていなかった旧字体の一部も人名用漢字に繰り入れた一方、「學」や「豐」などの旧字体は依然として認められておらず、この点についても矛盾が完全に解消したとはいえない。

## パソコンで打てない苗字

名前に使う漢字については制限があるが、苗字に関しての制限はまったくない。苗字は親から受け継ぐものであるから、どんなに変わった苗字でも、世の中にこんな字は有り得ないというほど珍しい字でも、そのまま使ってかまわない。

あまりにも苗字が珍しすぎて、ちょっと前まではJIS漢字に入っておらず、ワープロやパソコンで自分の苗字を打つことができないという気の毒な人もいた。たとえば、「木へん」に「青」の旧字体をくっつけた「椦」という字を使った「椦松《あべまつ》」さんという苗字の人である。

かつてJIS漢字を最初に作ったとき、人の苗字や名前に使われている字はすべて入れるという方針で、日本生命の膨大なデータバンクに基づく「日本生命収容人名漢字」にある三千四十四字をすべて入れた。それでも残念ながら漏れがあったのである。

それでJIS漢字の最新の規格では、全国のNTTの電話帳に載っている苗字に使用されている漢字をすべて取り入れており、これには「椦松」さんの「椦」もちゃんと入っている。

というわけで、ここからはJIS漢字についての話である。すでに述べてきたとおり、今日の漢字について考えるとき、パソコンで漢字を扱うための基準である「JIS漢字コード表」と漢字との関係について考えないわけにはいかない。

## ＪＩＳ改定で文字化けが発生

今ではとても信じられないが、たった三十一年前の昭和五十二（一九七七）年にはまだ、パソコンどころか、日本にはワープロさえなかった。東芝がわが国最初のワープロ「ＪＷ－10」を価格六百三十万円で発売したのは七八年である。

英語に比べて日本語は機械での処理が複雑なために製品化が遅れたわけだが、現在も使われている「仮名漢字変換」の実用化に成功してようやく製品化がなったのである。

このときに決められた最初のＪＩＳ漢字が「ＪＩＳ　Ｃ　６２２６－１９７８」というもので、当用漢字と当時の人名用漢字を含む二千九百六十五字の「第一水準」と、それ以外の三千三百八十四字の「第二水準」、合計六千字余の漢字を網羅していた。俗に〝旧ＪＩＳ漢字〟と呼ばれる。

六千以上もの漢字をどんな基準で集めたのか。以下の漢字表にある字をすべて入れたのだ、と言われている。「標準コード用漢字表（試案）」（七一年、情報処理学会漢字コード委員会、六千八十六字）、「行政情報処理用基本漢字」（七五年、行政管理庁、二千八百十七字）、「日本生命収容人名漢字」(三千四十四字)、「国土行政区画総覧使用漢字」(国土地理協会、三千二百五十一字)の四つである。

一つ目の「標準コード用漢字表(試案)」というのは公表されなかったのだが、これは通称〝日下部表〟なる物を土台にしたと言われる。そして、二つ目の「行政情報処理用基本漢字」は、「標準コード用漢字表(試案)」など複数の漢字表の対照表だったから、この二つの漢字表のおおもとは日下部表だった、と言っていいだろう。

日下部表とは、言語政策等の研究者・日下部重太郎氏が著書『現代国語思潮続編』(中文館書店、昭和八年)に付録として載せた、漢字の使用頻度を調査して作成した約六千字の漢字表である。

この日下部表に、人名や地名に使われるあらゆる漢字をプラスし、若干の調整を加えたものが旧JIS漢字と考えていい。人名は日本生命のデータを使い、地名のほうは日本中の地名が並んでいる『国土行政区画総覧』に準拠した。

旧JIS漢字はかなりよくできた表であり、その後、日本のすべてのパソコンや携帯電話をはじめ、あらゆるものに使われるようになっていく。わずかに鄧小平《とうしょうへい》の「鄧」がないといった程度しか不都合がなく、大きな問題は起きなかった。五年後の昭和五十八(一九八三)年に、改定版である〝新ＪＩＳ漢字〟が出るまでは。

新ＪＩＳ漢字「ＪＩＳ　Ｃ　６２２６-１９８３」では、漢字四文字の追加や、漢字約三百文字の字形の変更、そして第一水準と第二水準の文字の入れ替えなどが行なわれ、さまざまな問題がもたらされることになる。

## 「森鴎外」って誰?

まず、文字化けが発生するようになった。仮に「檜」という字を打ち込んで、当時の記憶媒体であるフロッピーディスクに保存してだれかに手渡す、あるいは当時の通信手段であるパソコン通信でだれかに送る、としよう。受け取った人がこれを開くと、打ち込まれたときは「檜」だった字が、「桧」という略字に化けている、という具合である。

こうした不都合は、データの入れ替えを行なったために起きた。旧ＪＩＳでは、「檜」が「41-16」、「桧」は「59-56」というところに入っていたのを、新ＪＩＳでは「檜」が「59-56」、「桧」は「41-16」と入れ替えた。それで、旧ＪＩＳを搭載したパソコンを使っている人が「檜」と打ち込んだデータを、新JIS搭載パソコンの持ち主が開いてみると「桧」が出てきてしまう。こうしたケースが発生するようになったのである。

当時のパソコンの主流は、NECのPC9800およびPC8800シリーズで、旧JIS漢字を採用していた。後にウィンドウズで世界を席巻するマイクロソフトは新JISを採用していた。旧JISと新JISのデータの入れ替えは二十六組の字で行なわれたので、この両者のパソコンでデータをやりとりすれば、二十六組の字については必ず文字化けが起きる、という事態が起きてしまったのだった。

約三百字の字形変更も弊害をもたらした。

「逢う」という字のしんにゅうから点を一つ取って「逢う」、「飴」を「飴」に変えたのなどはまだましなほうで、冒瀆の「瀆」は「涜」、森鷗外の「鷗」は「鴎」と、それは大胆な改定を行なったのである。

なかには、「竈《かまど》」を「竃」に変えるという、どちらの字もよくわからないというケースも含まれている。こんな難解かつ今ではほとんど使われない字が旧JIS漢字の第一水準に入っていたのは、宮城県塩竈《しおがま》市のためだった。一般には「塩釜」と表記されることとが多いこの市は、「塩釜」ではなく「塩竈」であると主張していて、同市の公文書での表記は「竈」の字に統一されている。だから旧ＪＩＳでは「竈」という字を入れていたのだが、それを新ＪＩＳでは「竃」という見たこともない新しい字に変えてしまった。

字のややこしさを見る限り、たいして簡略になったとは思えず、それならどうせ汎用性のない字なのだから、無理をして変えることもなかったのではないか。

いったい、だれが何を考えて、こんな迷惑な字形の変更を行なったのか。

ＪＩＳ漢字を決定する委員会は、役人と学者のほかは多数のメーカーの人間で成っている。つまり、理系人間が大勢を占めている。

この中で、積極的に関与したと思われるのが、現在、日本語学会会長で早稲田大学文学学術院教授の野村雅昭氏だ。野村氏は、朝日新聞二〇〇七年一月十九日付の対談で、地名や人名といった固有名詞も漢字制限の対象とすべきだとし、「固有名詞を含めて常用漢字表の範囲を決めたらどうか。それ以外は原則として使わない。普段の生活で、字体の違いまで含めて何万もの字を運用するのは、あまりに労力が大きすぎます」と語っている。

八三年の改定に際して行なわれた約三百字もの字体整理は、主に第一水準に含まれていた漢字をすべて常用漢字と同じデザインに変更することだったわけだが、上記のような持論を持つ野村氏の影響力がかなり大きかったのだと思われる。

## 「逢う」と「逢う」は同一の字か

ともあれ、八三年の新ＪＩＳは、これを採用したマイクロソフト社のＯＳが主流を占めていくのに伴って、ほとんどのパソコンに実装されていく。漢字好きの間では決して評判が芳しくなかった新ＪＩＳを否《いや》が応でも使わざるを得ず、「森鷗外」でなく「森鴎外」、「冒瀆」ではなく「冒涜」と表記される文書をながめているしかないという、少々オーバーに言えば〝漢字暗黒時代〟が長く続くのである。

八三年ＪＩＳはその後、九〇年と九七年の二度にわたって改定されるが、大きな変化は見られなかった。九〇年は新人名用漢字に対応したマイナーチェンジであり、九七年は「理論武装」をしただけである。

実は九七年の改定に際しては、私もＪＩＳ委員会の最後の期間に少しだけ参加した。

その感想をありていに述べれば、「これは過去の経緯の正当化だな」というある種の虚しさである。

その理論武装とは、たとえば「包摂規準」という考え方だった。包摂規準とは、しんにゅうが一点の「⻌」と二点の「⻍」や、草かんむりが三画の「⺾」と四画の「艹」などは、文字を区別する対象としないで包摂される、つまり同一の字とみなす、ということだ。

一点しんにゅうの「逢う」と二点しんにゅうの「逢う」は同一の字であって、たまたま八三年JISでは「逢う」のほうが出てくるけれど、「逢う」のほうでもまったく問題はない。従って、八三年JISは「三百字の字形を変更した」わけでは全然ない、というロジックを九七年改定の段になってわざわざひねり出したのである。

もちろん、テクニカルな意味で言えば、「逢う」と「逢う」は同じコードに入っている以上、記号としては同じものであろう。

しかし、純粋に漢字としてみた場合、だれが見たってこの二つの字は違う字ではないのか。

## ウィンドウズビスタの漢字表

あまり評判のよろしくない八三年JISや九〇年JISがなぜ長きにわたって使われてきたかというと、「X　0208」という規格がずっとパソコンに実装されてきたからである。

八三年JIS以降、二つのJIS漢字コード表が作られたのだが、このうち「X　0213」は「ウィンドウズビスタ」（〇七年一月発売）まで実装されずにいた。その二つのJIS漢字とは、「JIS　X　0212-1990」と「JIS　X　0213-2000」である。

「0212」のほうは、八三年JISとは逆方向の考え方によって平成二（一九九〇）年に作られた。正字をたくさん入れようというので、大きな漢和辞典などをベースに、難しい字を大量にカバーしてある。しかし、実際にパソコンに実装されることはほとんどなかった。

この失敗を反省して、実際に使える規格を作ろうということで平成十二（二〇〇〇）

年に制定されたのが「０２１３」だった。これは〝新拡張ＪＩＳコード〟とも呼ばれているように、０２１２とはまったく別の発想で八三年ＪＩＳを拡張したものである。

０２１３にもいい部分と悪い部分があったが、委員会に参画して私が感じたことは、実際に使う人々の立場に立って、非常に意欲的な取り組みがなされた、ということである。実例主義に則り、日本中の教科書に載っているすべての漢字を入れたり、地名や人名で八三年ＪＩＳから漏れた字を徹底的に調べ上げてフォローしたりした。日本のすべての人が、どこの誰へでも手紙を書ける、出てこない字のない規格を目指したのだ。

この０２１３の文字は〇四年の改定を経て、〇七年発売のＯＳウィンドウズビスタで使用できるようになった（ただし、コード体系は次に述べる「Ｘ　０２２１」によっている）ので、すでにお使いになっている方は、使い勝手のよさを実感いただけるのではないだろうか。ただ、八三年ＪＩＳが旧ＪＩＳとの間で文字化けを起こしたのと同様に、０２１３も八三年ＪＩＳとデータをやり取りすると文字化けするケースは出てしまう。

最後に、ＪＩＳ漢字コード表にはもう一つ、国際標準である「ＪＩＳ　Ｘ　０２２１－２００１」、というものがあることを付け加えておかなければならない。この規格は

〝ユニコード〟と通称されるが、正確にはユニコードとは別のもので、「ISO／IEC10646」の日本対応規格である。

これは、世界中の文字を一つのコード体系に入れてしまおうという規格で、ローマ字、アラビア文字、インド文字、ハングル、そして漢字など、あらゆる文字を扱っている。

この規格に入っている漢字は、なんと二万一千字近くにも及び、現在もさらに増殖を続けている。そして、日本のJIS規格だけでなく、中国のGB規格、台湾のCNS規格、韓国のKS規格などから集めた漢字をごちゃまぜにして、それを並べなおしたものであるため、さまざまな矛盾が発生している。

実は、現在のウィンドウズビスタなどのコードは、体系としてはこの体系によっている。ただし全体でなくこの一部を使っているのである。

## 五十六通りの渡辺さん

渡辺さんという苗字の「辺」という字を、旧字体で表記すれば「邊」である。しかし、この字には「邊」のほかに、「邉」をはじめとする五十四個もの異字体があるそうである。現に、京都にある遠藤写真工芸所では五十六通りの「辺」を用意している。もちろん、これらは、もとはといえばすべて同じ「邊」という文字だ。複雑な字なので、長い間手書きで書いているうちに微妙な揺れが出てきて、多数のバリエーションができてしまったのである。

そして、本人がそう届け出るのだからそういう字なのだろう、と戸籍係が認め、戸籍にそう書いてあるのだから、と世間が認めてくれる。細部にこだわる日本であるがゆえの現象だろう。中国や台湾の人から見れば、一点、一画の違いにそんなにこだわるなんて、ナンセンスでしかない。

また、日本でも、戸籍の電子化が進むにつれて、字体をできるだけ統一してしまおうという動きが見られないわけではない。私の名「勝美」は、戸籍には「勝」という字を「勝」で届け出たらしく、ずっと「勝」になっていたのだが、現在では「勝」となっている。役所のほうでいつの間にかそう変えていたのである。戸籍を電子化するとき、本人の同意などなくても普通の字に直してよい、という規則が決められ実行されたのである。

私は別に「勝」でも「勝」でもかまわない。だが、何かというと「権利の侵害である」という意識の強い現在、たとえば「渡邊さん」を勝手に統一などしたら大騒ぎになることと必至である。

それでいま、法務省は「戸籍統一文字」という六〜七万字にも及ぶデータベースを作成中だ。「個人の権利」を侵害することなく、戸籍の電子化を進めるための作業である。茶道に表千家と裏千家があり、相撲の土俵入りにも不知火《しらぬい》型と雲竜型があり、細部の微妙な違いを楽しむ文化性があるわが国においては、お役所も何かと大変なのは確かである。

### 葛飾区の春と葛城市の憂鬱

東京都葛飾区の正式な表記は「葛飾区」である。

奈良県葛城市は「葛城市」だ。

「葛」と「葛」は同じ字で、音では「カツ」、訓では「くず・かずら」と読み、「葛藤」などの熟語で使われる。「葛」が正字、「葛」が略字の関係になる。

二〇〇七年一月に発売されたウィンドウズビスタをめぐって、葛飾区と葛城市が明暗を分けているという話題は、新聞などでも紹介されたのでご存じの方も多いだろう。

これまでほとんどのパソコンに採用されていた八三年JIS漢字には、「葛」は入っておらず、「葛」のほうが入っていた。それで葛飾区は、ホームページひとつ作るのにも大変な苦労をしていたのだが、ビスタが新しい漢字コード表「0213」を実装したことでわが世の春を迎えた。「0213」には「葛」ではなく「葛」のほうが入っているからだ。

これで、キーボードに「かつしかく」と打ち込めば、たちどころに「葛飾区」という正しい表記ができるようになったのである。

まったく逆の立場になってしまったのが葛城市。これからはOSにビスタを使ったパソコンがどんどん増えていくことは目に見えており、そうなると、「葛城市」という正式な表示ができなくなる。「かつらぎし」と打ち込めば、「葛城市」と出てきてしまうのである。

大阪府に接し、奈良県中西部に位置する葛城市は、二〇〇四年十月、いわゆる平成の大合併の一環として誕生した新しい市で、市名を決定する際、「住民の利便性や、今後のパソコン・ワープロなどの機械化の発展を考慮して」、八三年JIS漢字であるほうの「葛」を採用した経緯がある。

しかし、このときすでに、新しい漢字表である「0213」は二〇〇四年の改定によって例示字体を「葛」から「葛」に変えており、「今後のパソコン・ワープロなどの機械化の発展を考慮」するのであれば、「0213」に入っている「葛」のほうを採用すべきではあった。

というか、そもそも市の名称を決めるのに、パソコンに入っているとかいないとかいう理由で字が決まるというのは、一見時代に沿っているようだが実はけっこう哀しい話であるように思うのである。

### 新字体が「新しい旧字」を作った

新拡張JIS漢字コード「0213」は、朝日新聞に対しても興味深い影響をもたらした。その話をするためには、まず、新字体とメディアの関係について言及する必要があろう。

昭和二十一年に当用漢字表、昭和二十四年には当用漢字字体表ができて、簡略化された新字体が作られたことはすでに述べてきた。このとき、メディアはどう対応したかというと、各新聞社は当初からかなり積極的に対応した。漢字の数を少なくし、使う漢字もできるだけ簡略化するという方向性は、新聞社にとっても合理化につながったからだろう。

これに対して、各出版社はおおむね、当用漢字表など無視して、しばらくは旧字体で本を出していた。出版界において実際に新字体の活字がそろったのは昭和三十年代半ばくらいと言われている。新潮社で言うと『小説新潮』の活字がすべて新字体に変わったのは昭和三十三年三月からである。

なぜそんなにぐずぐずしていたのか。出版社がお付き合いをお願いしていた作家の先生方には、「旧字で組んでくれなければ本を出さない」というこだわりを持つ人も決して少なくなかったからである。

印刷所の活字がすべて新字体に切り替わってしまった中で、あえて旧字を使い続けるというのも、それはそれで大変だったはずだ。なにしろ、旧字の一覧表というか、これが正しい旧字だ、ということがわかる資料がないのである。新字体なら当用漢字字体表を見ればわかるが、旧字体の場合は、漢和辞典を調べて、そこに旧字と書いてあるものを旧字と考えるくらいしか手がない。

そうした中で、旧字が「新たに作られる」というバカな話も出てきた。「肩《かた》」や「遍《へん》」などがそうである。戦前の活字を見ても、こんな字はほとんど見られない。肩は戦前も「肩」だったし、遍は「遍」だったのだ。

どういうわけで「旧字を新たに作る」などということが起きたかというと、「戸」という字の旧字体が「戶」だったので、「戸」を含む字はすべて、戸の部分を「戶」に変えてしまったからだった。

たしかに「戸」が部首の字であれば、「所」や「扉」のように、旧字体は「所」「扉」である。

しかし、「肩」の場合、部首は「戸」ではなく「肉」なのだ。それで「戸」のほうは統一されずに、『康熙字典』には「肩」という字で載っている。『新潮日本語漢字辞典』

でも世の大勢に従って「肩」を旧字としているが、厳密に言えばこの字には新字体と旧字体の区別はない。

また、「遍」の場合は、部首が「しんにゅう」である。したがって、新字体と旧字体の違いは、しんにゅうが一点であるか二点であるかだけで、これも「戸」の部分は変わらない。

こういう具合に、世の中が新字体に移行したなかで、かつて存在しなかった旧字体が新しくできてしまう、という奇妙な現象が起きたのである。

## 「朝日字体」の終焉

これに対して、「新字が作り出した新字」というのもある。「辻」という字がそうだ。戦前はすべて二点しんにゅうだったのを、戦後の新字体では一点しんにゅうに変えたのだから、「辻」が「辻」に変わったのも、一見理屈どおりに思える。

しかし、字体整理が行なわれたのは、当用漢字・常用漢字・人名用漢字についてであって、これに含まれない表外字は本来、関係がない。「辻」は表外字なので、本当は二点しんにゅうのままでよかったはずである。

それなのに、常用漢字の「近」や「遠」が一点しんにゅうに変わったので、頻繁に使う「辻」という字も何となく新字体にしたほうがよさそうだな、ということになって一点しんにゅうにしてしまった。

このようなものを「拡張新字体」と呼ぶ。八三年JIS漢字で採用された三百字の漢字は、そのほとんどが、この拡張新字体に変わったのである。

そして、ここでようやく朝日新聞の話になるが、拡張新字体を多数、積極的に作り出して紙面に使っていたのが朝日なのである。

たとえば、「売る」という字は、当用漢字字体表で「賣る」という字の新字体として定められた。これに伴い、「賣」という部分を持つ当用漢字と人名用漢字も、その部分を「売」に変えて新字体となる。「續く」が「続く」、「讀む」が「読む」、「讀賣新聞」が「読売新聞」という具合だ。

ところが朝日は、このルールを表外字にも適用して、次々と拡張新字体を作り出した。冒瀆の「瀆」を「涜」と変えたのは八三年JISもやっているが、朝日はさらに、贖罪の「贖《しょく》」も、「子牛」を意味する「犢《とく》」という字も、「手紙」を意味する「牘《とく》」という字も、右側の「賣」の部分を「売」に変えて、朝日独自の新しい字を作り出していったのである。

ちなみに、「犢」も、「牘」も、一般にはめったに使われない文字だ。そんなものまで徹底的に新字体にしてどうするのか、という話である。

昭和六十一（一九八六）年に朝日新聞社が発行した『朝日新聞の漢字用語辞典』は、全編この〝朝日字体〟で編まれており、漢字オタクにはこたえられないシロモノと言える。「髑髏《どくろ》」の「髏」が「髅」というどこにも存在しない字で書かれていたりするのを見ると、「わざわざこんな字を作って使っていたのか」とため息が出る。

この面白い〝朝日字体〟はしかし、残念ながらなくなってしまった。朝日は二〇〇七年一月十五日付の紙面で〈朝日新聞の字体一部変わります〉という見出しの記事を載せ、表外漢字に使用してきた〝朝日字体〟をやめて「康熙字典体」を使用することを発表したのである。

そして、その理由としては、二〇〇〇年に国語審議会が「表外漢字字体表」を答申し、これに合わせて二〇〇四年にＪＩＳ漢字が改正された結果、辞書や書籍の慣行である「康煕字典体」が標準と位置付けられるようになったことを挙げた。

しかし、さすが朝日新聞、「辻」の字だけは一点しんにゅうのまま残すことにしたそうだ。

### 鴎外への冒涜

国語審議会が答申した「表外漢字字体表」は、メディアなどで実際に使われている表外漢字を調査し、その結果、代表的な表外漢字千二十二字を挙げ、それらの「康煕字典体」を示したものだ。つまり、表外漢字についてはむやみに略字を使わず、正字を用いるのが望ましい、という方向付けをしたのである。

八三年ＪＩＳが行なった字形の変形を、元に戻そうという動きとも言えるだろう。「逢」「飴」「鴎」「涜」などの略字を、もとの「逢」「飴」「鷗」「瀆」に戻しましょう、というのだから。

これに対して、朝日はじめ各新聞の対応はどうだったか。必死に抵抗する姿勢を見せたのである。

試案が出た直後の九八年六月二十五日付の『「鴎外」への「冒涜」か』、答申後の二〇〇〇年十月二日付の『かもめは鷗、鴎もかもめ』という見出しをつけた二本の朝日の社説に、その姿勢は露わだ。「鷗」だって「鴎」だっていいじゃないか、「鴎外」と書いたって「冒涜」にはあたるまい、という主張だった。

それが七年も経ってから方向転換、〝撤退〟の発表である。

朝日字体が廃止されたのは二〇〇七年一月、ちょうど「０２１３」を実装したウィンドウズビスタが発売される月であった。

皮肉なことに、「０２１３」には、朝日が作り出した朝日字体もたくさん入っている。「０２１３」はメディアでの用例も可能な限り入れる実例主義なので、「朝日ではこれを使っている」という実例を提示されると入れないわけにいかなかったのだ。

漢字そのものも面白いが、漢字にまつわる世の中の動きも、実に面白いのである。

# あとがき

私は、書籍や雑誌の校正という仕事についています。活字が原稿どおりに組まれているかどうかをチェックするのが主な役割ですが、それだけでなく原稿の矛盾や誤りを見つけて指摘したり、誤字を見つけて訂正したりするのも大切な仕事です。

このような、校正者という専門の職業があるのは、漢字を使っている国だけで、欧米では、印刷工が校正の仕事を兼ねているそうです。漢字は、こういった専門職を必要とするほど複雑で、奥深い存在なのです。

「漢字文化圏」という言葉があります。中国、朝鮮半島、日本、ベトナムは、漢字によってさまざまな文化をはぐくんできた共通の文化圏だというのです。

しかし、ベトナムは漢字を廃止しましたし、朝鮮半島でも北朝鮮は廃止、韓国でも事実上漢字は過去のものになっています。漢民族以外で漢字を使い続けているのは、日本だけなのです。

他の国では、漢字は中国文化への隷属の象徴であるとして、廃止へ向かいました。その中で、なぜ日本人だけが漢字を使い続けているのでしょうか。

それは、漢字が日本語にはやばやと帰化したからにほかなりません。

日本人は中国から伝来した漢字を、さまざまな工夫によって見事にカスタマイズし、「日本語の漢字」を作り出してきました。それは、一つは訓読であり、もう一つは送り仮名です。さらに、日本には独特の熟字訓の世界が花開きました。

これらの創意工夫によって、漢字は見事に日本語にふさわしいものに生まれ変わったのです。これこそが日本の英知であり、日本人の創意のすばらしさ、奥深さを生んでいるのです。

だからこそ、日本人は漢字が大好きなのです。

幸い『新潮日本語漢字辞典』は皆様の好評をいただくことができました。さらにそこへ本書の刊行という僥倖《ぎょうこう》にめぐまれ、ただ感謝あるのみです。

『新潮日本語漢字辞典』をご愛用くださっている方々、ならびに本書の刊行にご助力くださった方々に、あつく御礼を申し上げます。

小駒勝美　1954(昭和29)年東京生まれ。新潮社校閲部勤務。慶応大学商学部、文学部卒業。『新潮日本語漢字辞典』を企画、執筆、編纂。82年第11回漢字読み書き大会青年の部で第1位。漢字検定1級。

Ⓢ新潮新書

253

漢字《かんじ》は日本語《にほんご》である

著　者　小駒勝美《ここまかつみ》

2008年3月20日　発行
2008年4月25日　4刷

発行者　佐　藤　隆　信

発行所　株式会社新潮社

〒162-8711　東京都新宿区矢来町71番地
編集部 (03)3266-5430　読者係 (03)3266-5111
http://www.shinchosha.co.jp

印刷所　大日本印刷株式会社
製本所　憲専堂製本株式会社

ISBN978-4-10-610253-0　C0281

価格はカバーに表示してあります。

Ⓢ新潮新書

100
## 大切なことは60字で書ける
高橋昭男

夏目漱石からジョン・レノン、ファストフード店のマニュアルまでさまざまなテキストで学ぶ画期的な文章講座。確実にメッセージが「伝わる」文章の書き方が身に付きます。

111
## ジャンケン文明論
李御寧《イー・オリョン》

アジア人よ、エレベーターから降りよ！　西洋型の二者択一から脱し、三者共存のジャンケン・コードを応用すれば、日・中・韓の三国関係に、衝突から循環への新文明が見えてくる。

138
## 明治大正翻訳ワンダーランド
鴻巣友季子

恐るべし！　先達たちの情熱、工夫、荒業、いたずら心——。『小公子』『鉄仮面』『復活』『人形の家』『オペラ座の怪人』……今も残る名作はいかにして日本語となったのか。

160
## 大阪弁「ほんまもん」講座
札埜和男

「もうかりまっか」誰が言うてんのやろ。「がめつい」こんな造語はエエ迷惑。「ど根性」誤用の典型。「こてこて」本来は薄味の文化です。大阪人も唸ってしまう〈正調大阪弁指南〉。

163
## 池波正太郎劇場
重金敦之

再読どころか何度でも読み返したくなる池波作品。躍動するキャラクターとそれを描写する「ことば」の魅力を存分に味わえる、初心者にも愛読者にも楽しめる当代随一の人気作家読本。

## Ⓢ新潮新書

**167 数学を愛した作家たち** 片野善一郎

「坊っちゃん」より数学が得意だった漱石、幾何学で女房教育を試みた石川達三、偽善を憎んで数学に没頭したスタンダールら、東西11人の物語。文学に縁の深い数学者も登場。

**169 貝と羊の中国人** 加藤　徹

財、貨。義、善。貝と羊がつく漢字には、二つの祖先から受け継いだ中国人の原型が隠れている。漢字、語法、流民、人口、英雄、領土、国名の七つの視点から読み解く画期的中国論。

**179 新書で入門　漱石と鷗外** 高橋昭男

「漱石の葬式の受付は芥川龍之介」「鷗外の女性スキャンダル」等々。興味深いエピソードを辿りながら、日本人の必須教養である二大文豪を知る。大人のための教養講座。

**183 カウンターから日本が見える　板前文化論の冒険** 伊藤洋一

一流の職人である板前さんの手捌きを見ながら食事をする喜びと心地よい緊張感。カウンターには和食の醍醐味がある。日本独自の料理文化には、「日本文化」の美質が詰まっている。

**185 剣と禅のこころ** 佐江衆一

武蔵の空、鉄舟の無刀、道元の雲、良寛の天真……。彼らが到達した世界には日本人の深い叡智が潜んでいる。この今を生きるヒント、この日本を考えるヒントに満ちた一冊。

# 新潮日本語漢字辞典

新潮社編

いままで無かった！
日本語の漢字のための
初の本格辞典。

◎日本語で用いる漢字・熟語の大宝庫。
◎用例は日本の近代・現代文学から。
◎熟語のすべてをすばやく引ける熟語索引収載。

■見出し字総数１５３７５字
■熟語数約４７０００語
■常用漢字、人名用漢字、表外漢字字体表の
漢字をすべて収録
■ＪＩＳ漢字は第１水準から第４水準まで収録し、
ＪＩＳコードも併記